SV

Manfred Osten
Die Kunst, Fehler zu machen

Suhrkamp

Einbandabbildung: Paul Klee. Um den Fisch, 1926,
124 (C 4), 46,7 x 63,8 cm, Ölfarbe und Tempera auf Karton;
The Museum of Modern Art, New York, Abby Aldrich Rockefeller Fund,
©VG Bild-Kunst, Bonn 2005, © Foto: SCALA, Florenz.

Druck: Ebner & Spiegel, Ulm
Printed in Germany
Erste Auflage 2006
ISBN 978-3-518-41744-7

2 3 4 5 6 – 11 10 09 08

Inhalt

» … und ich kenne ein kleines Magazin von Irrtümern,
die man sorgfältig aufbewahrt.«

Johann Wolfgang von Goethe

Für Martin, Philipp und Sibylle

»Es irrt der Mensch, so lang er strebt«?

2004: Zum 50. Geburtstag von Angela Merkel trägt der Hirnforscher Wolf Singer seine Thesen zur »Irrtumskultur« vor. Die versammelten Politiker zeigen sich wenig einsichtig. Im Land einer Null-Fehler-Kultur gilt das Eingestehen von Irrtümern und Fehlern offenbar als ein Fehler. Obgleich Oscar Wilde bereits das Gegenteil gelobt hat: »Das Schöne an Fehlern ist, daß man sie beim nächsten Mal wiedererkennt.« Ein ironischer Umgang mit Fehlern und Irrtümern, der in Deutschland eher als unseriös und verdächtig gilt.

Immerhin könnte man, wenn man sich in der deutschen Literatur umschaut, durchaus eines Besseren belehrt werden. So zum Beispiel vom konsequenten Befürworter der Ironie als Rettungsmittel gegenüber allen Versuchungen einer selbstgefällig proklamierten Irrtums- und Fehlerfreiheit: Johann Wolfgang von Goethe. Die an seine Landsleute gerichtete Empfehlung in Sachen Null-Fehler-Kultur lautet jedenfalls: »Ihr seht schon ganz manierlich aus, / kommt mir nur nicht absolut nach Haus.« Die Begründung für die Möglichkeit, durch Ironie etwas weniger »absolut nach Haus« zu kommen, findet sich in Goethes *Geschichte der Farben.* Dort heißt es in der *6. Abteilung:* »Ironie, dieses Bewußtsein, womit man seinen Mängeln nachsieht, mit seinen Irrtümern scherzt und ihnen desto mehr Raum und Lauf läßt ...«. Eine Einsicht, die Goethe mit der Empfehlung verbunden hat: »Kinderchen, ihr müßt lernen, mit Vergnügen irren sehen.« Oder wie es Lichtenberg formuliert hat: »Das Vergnügen, das mir die genaue Bemerkung eines Fehlers an mir machte, war oft größer als der Verdruß, den der Fehler selbst bei mir erweckte.«

9

Womit bereits ausreichende Begründungen zur Hand wären für eine fehlerfreundliche Lebenskunst. Eine Lebenskunst also, mit der man gegenüber eigenen und fremden Mängeln Nachsicht übt »und mit seinen Irrtümern scherzt«. Eine Lebenskunst, die für sich sogar in Anspruch nehmen könnte, was Nietzsche über die Kunst meint: »Wir haben die Kunst, um nicht an der Wahrheit zugrunde zu gehen.« Die fehlerfreundliche Lebenskunst auch als eine Art von Überlebenskunst gegenüber einer offenbar schrecklichen Wahrheit? Gar in dem Sinne, wie es Friedrich Schlegel 1808 notierte: »Wahrlich, es würde euch bange werden, wenn die Welt, wie ihr es fordert, einmal im Ernst durchaus verständlich würde«?

In der Tat könnte uns »wahrlich ... bange werden«, wenn die eigentliche Wahrheit des Irrtums- und Fehlerkosmos des Menschen im Ernst verständlich würde. Sigmund Freud als Goethe-Kenner wußte sicherlich, daß Goethe bereits im *Faust* durch Mephisto auf diese abgründige Wahrheit hingewiesen hat. Im Hinblick auf die Ratio des Menschen heißt es im *Prolog im Himmel*: »Er nennts Vernunft und brauchts allein / nur tierischer als jedes Tier zu sein.« Freud wird diese Wahrheit dann ein Jahrhundert später im Lichte seiner Erkundungen zum Zerstörungspotential von Aggression und Sexualität variieren: »Unter dem dünnen Firnis der Zivilisation haust in jedem von uns eine Rotte von Mördern.«

Das mit der Ratio verbundene Irrtumspotential der Aufklärung war spätestens im Terror der Guillotine während der Französischen Revolution manifest geworden. Und Schillers von Goethe 1794 so enthusiastisch begrüßte *Briefe über die ästhetische Erziehung des Menschen* stellten im *8. Brief* die peinliche Frage: »Woran liegt es, daß wir immer noch Barbaren sind?« Schiller hatte also auch deutliche Zweifel am

»Himmelslicht« der Ratio. Sie habe zwar in Gestalt von »Aufklärung und Wissenschaft« der Gesellschaft Vorteile, dem Individuum aber »innere Barbarei« beschert. Es müsse daher künftig alles getan werden, den ratiohörigen homo sapiens zu kompensieren durch den homo ludens, um ihn zu entbarbarisieren. Ein Vorschlag, der durchaus als Korrektur jenes fehlerhaften anthropologischen Verständnisses verstanden werden kann, das den Menschen ausschließlich durch die Ratio definiert.

Goethe allerdings hat an die realen Chancen dieses idealistischen Vorschlags einer Korrektur des fehlerhaften Menschen schwerlich geglaubt. Obgleich er in Schillers Versuch, die Ratio sinnlich-ästhetisch zu ergänzen, eine Bestätigung seiner eigenen Überzeugung fand, Denken sei zwar »interessanter als Wissen, aber nicht als Anschauen«. Eine Vorstellung, die Goethe durch die pädagogische Empfehlung ergänzte: »Erst Empfindung, dann Gedanken. / Erst ins Weite, dann in Schranken.« Er hat daraus sogar eine wichtige Einsicht für den Umgang mit Fehlern abgeleitet. Denn mit den Worten »den Sinnen hast du dann zu trauen / kein Falsches lassen sie dich schauen / wenn dein Verstand dich wach erhält« deutet Goethe an, daß das Irrtums- und Fehlerrisiko zumindest reduziert werden könnte, wenn die Vernunft der Ratio bereit wäre, die Vernunft der Sinne zu akzeptieren.

Die Ratio hat Goethe als die eigentliche Ursache unserer Irrtümer und Fehler verstanden. Als besonders auffälligen Irrtum hat er den Stolz des Menschen auf diese betrachtet. Mephisto macht im bereits erwähnten *Prolog im Himmel* dem »Herrn« als Schöpfer der Ratio Vorwürfe über diesen Schöpfungsirrtum. Überraschenderweise bestätigt im metaphysischen Gespräch mit Mephisto der »Herr« schließlich selber die Ratio als die Quelle menschlichen Irrens.

MEPHISTOPHELES

Da du, o Herr, dich einmal wieder nahst
Und fragst, wie alles sich bei uns befinde,
Und du mich sonst gewöhnlich gerne sahst;
So siehst du mich auch unter dem Gesinde. ...
Von Sonn' und Welten weiß ich nichts zu sagen,
Ich sehe nur wie sich die Menschen plagen.
Der kleine Gott der Welt bleibt stets von gleichem
Schlag,
Und ist so wunderlich, als wie am ersten Tag.
Ein wenig besser würd' er leben,
Hättst du ihm nicht den Schein des Himmelslichts
gegeben;
Er nennts Vernunft und braucht's allein,
Nur tierischer als jedes Tier zu sein.
Er scheint mir, mit Verlaub von Ew. Gnaden,
Wie eine der langbeinigen Zikaden,
Die immer fliegt und fliegend springt
Und gleich im Gras ihr altes Liedchen singt;
Und läg' er nur noch immer in dem Grase!
In jeden Quark begräbt er seine Nase.

DER HERR

Hast du mir weiter nichts zu sagen?
Kommst du nur immer anzuklagen?
Ist auf der Erde ewig dir nichts recht?

MEPHISTOPHELES

Nein Herr! ich find' es dort, wie immer, herzlich schlecht.
Die Menschen dauern mich in ihren Jammertagen,
Ich mag sogar die Armen selbst nicht plagen.

DER HERR

Kennst du den Faust?

MEPHISTOPHELES

Den Doktor?

DER HERR

Meinen Knecht!

MEPHISTOPHELES

Fürwahr! er dient Euch auf besondre Weise.
Nicht irdisch ist des Toren Trank noch Speise.
Ihn treibt die Gärung in die Ferne,
Er ist sich seiner Tollheit halb bewußt:
Vom Himmel fordert er die schönsten Sterne
Und von der Erde jede höchste Lust,
Und alle Näh' und alle Ferne
Befriedigt nicht die tiefbewegte Brust.

DER HERR

Wenn er mir jetzt auch nur verworren dient,
So werd' ich ihn bald in die Klarheit führen. …

MEPHISTOPHELES

Was wettet Ihr? den sollt ihr noch verlieren!
Wenn Ihr mir die Erlaubnis gebt,
Ihn meine Straße sacht zu führen.

DER HERR

So lang er auf der Erde lebt,
So lange sei dir's nicht verboten.
Es irrt der Mensch, so lang er strebt.

Der »Herr« räumt als Ergebnis des Schöpfungsdefekts der Ratio ein: »Es irrt der Mensch, so lang er strebt.« Ein Defekt, der die Vermutung nahelegt, daß der Vorteil der Erschaffung der Ratio (in Gestalt der Entwicklung der Großhirnrinde) offenbar mit einem Mangel verbunden ist. Oder wie Goethe es in der *Metamorphose der Tiere* beschreibt:

Alle Schöne der Form und alle reine Bewegung.
Siehst du also dem einen Geschöpf besonderen Vorzug
Irgend gegönnt, so frage nur gleich: wo leidet es etwa
Mangel anderswo? Und suche mit forschendem Geiste.

Auffällig ist, daß in der *Faust*-Tragödie die Vorzüge der Ratio deutlich gestört erscheinen durch ein Übermaß von Irrtümern und Fehlern des Titelhelden. Mit dem Ergebnis für den Gang dieser Tragödie, daß sie sich vom »Himmel durch die Welt zur Hölle« bewegt. Wofür im *Faust* vor allem ein besonderer Fehler der Ratio verantwortlich ist: die Ungeduld. Sie ist offenbar eine Art neurologischer Schöpfungsdefekt mit weitreichender Bedeutung für alle Irrtümer und Fehler des Menschen.

Vor diesem Hintergrund ließe sich die *Faust*-Tragödie denn auch lesen als die tragische Geburt von Irrtümern und Gewalt des Menschen aus dem Geist der Ungeduld. Wobei Irrtum verstanden werden könnte als das Resultat ungeduldig sich übereilenden Denkens. Und Gewalt als Resultat ungeduldig sich übereilenden Handelns. Goethe hat 1824 diese beiden Aspekte vor Augen, wenn er gegenüber Kanzler von Müller von »lauter Torheiten und Schlechtigkeiten« spricht und sie als die einzigen verläßlichen Konstanten der Geschichte der Menschheit versteht. Der Glaube an einen Fortschritt also auch nur ein Irrtum? Die Geschichte in Wahrheit nur ein Fortschreiten? Goethe legt dieses illusionslose Fazit jedenfalls nahe, wenn er sagt:

> Schimpfe du nur immerfort,
> Es wird sich Bess'res nie ergeben.
> Trost ist ein absurdes Wort.
> Wer nicht verzweifeln kann,
> Der muß nicht leben.

Die Ungeduld also als der Kardinalfehler der Ratio. Und folgerichtig verflucht Faust auch die Geduld und liefert sich damit Mephisto und seinen Instrumenten der modernen Ungeduld aus: dem schnellen Degen, der schnellen Liebe, dem schnell fliegenden Mantel, dem schnellen Geld. Mit dem Ergebnis, daß die Tragödie schließlich im Schlußakt des zweiten Teils wahre Orgien übereilten Denkens und Handelns in Gestalt von Irrtum und Gewalt feiert: Faust läßt hier nicht nur im Zeichen der Ungeduld Philemon und Baucis sowie den als Wanderer verkleideten Göttervater Zeus auslöschen. Er bleibt – von der Sorge mit Blindheit geschlagen – bis zum Schluß auch das Opfer seiner Irrtümer. Als ungeduldiger moderner Projektemacher und Gewaltherrscher über seine Zwangsarbeiter (»Menschenopfer mußten bluten, / Nachts erscholl des Jammers Qual«) glaubt er, daß es sich bei diesen Arbeitern um »freies Volk« handele, mit dem er auf »freiem Grund« lebe. Um schließlich in einem letzten Irrtum sein eigenes Grab mit einem Entwässerungsgraben zu verwechseln.

Nicht zufällig ist es die Sorge, die Faust erblinden läßt. Als Verbündete der ratiohörigen Ungeduld verkörpert sie das einseitig sich übereilende Denken in Richtung Zukunft. Die Sorge ist es auch, die am Schluß der Tragödie das Wort des »Herrn« aus dem *Prolog im Himmel* variiert. Sie beschreibt die Irrtumsbefangenheit des nur noch ins Zukünftige »strebenden« Menschen mit dem fatalen Wort: »Die Menschen sind im ganzen Leben blind.«

Goethe hat am Ende seines Lebens gegenüber Wilhelm von Humboldt dieses Fehlverhalten des Menschen bereits als Merkmal der Moderne skizziert. Es sind Gedanken, mit denen er die Versiegelung des zweiten Teils der *Faust*-Tragödie begründet, um dieses Werk selber vor Irrtümern zu schützen: »Der Tag aber ist wirklich so absurd und konfus, daß ich mich überzeuge, meine redlichen, lange verfolgten Bemühungen um dieses seltsame Gebäu würden schlecht belohnt und an den Strand getrieben, wie ein Wrack in Trümmern daliegen und von dem Dünenschutt der Stunden zunächst überschüttet werden. Verwirrende Lehre zu verwirrendem Handel waltet über der Welt.«

Irrtum als verwirrende Lehre und Gewalt als verwirrendes Handeln. Hierzu hat Goethe auch jene ungeduldigen, sich übereilenden Tendenzen der Ratio gerechnet, die für ihn in Gestalt von Theoriebildungen und philosophischen Systementwürfen seiner Zeitgenossen erkennbar wurden. Er erblickte hierin offenbar bereits den Quellgrund unzähliger künftiger Irrtümer im Sinne von Ideologien mit Absolutheitsansprüchen. So hat Goethe 1827 zum Beispiel im Hinblick auf Hegels dialektische Methode den Verdacht geäußert, daß sie »dazu verwendet« werden könnte, »um das Falsche für wahr und das Wahre für falsch zu erklären«. Und die eigentliche Ursache dieser Fehlergefahr hat Goethe in *Maximen und Reflexionen* skizziert: »Theorien sind gewöhnlich Übereilungen des ungeduldigen Verstandes, der die Phänomene gerne los werden möchte.«

Eine Einsicht, mit der Goethe bereits Erkenntnisse der modernen Hirnforschung antizipiert. Die Hirnforschung macht allerdings für die Theorieneigung der Ratio nicht die Ungeduld verantwortlich. Sie erblickt den Grund für die Vernachlässigung der Phänomene durch die Ratio vielmehr neutral als einen Prozeß der Selektion bei der Wahrnehmung der Wirklichkeit. Diesen Vorgang beschreibt Wolf Singer: »Unsere Sinnesorgane wählen aus dem breiten Spektrum der im Prinzip bemerkbaren Signale aus der Umwelt nur einige ganz wenige aus, … und unsere Primärwahrnehmung läßt uns glauben, dies sei alles, was da ist. Wir … ergänzen die Lücken durch Konstruktionen.« Eine Konstruktions- und Theorieneigung, die begünstigt wird durch die neurowissenschaftliche Erkenntnis, daß die evolutionshistorisch neuen Hirnrindenareale offenbar nicht mehr direkt an die Sinnesorgane gekoppelt sind. Die in

ihren Funktionen stark dezentral organisierten Hirnrindenareale greifen statt dessen vielmehr auf »Informationen«
zurück, die bereits als gleichsam »abstrakte« Teilergebnisse
in einzelnen Arealen der Hirnrinde zur Verfügung stehen.
Auf diese Weise tragen sie bei zur Tendenz einer »abstrak-
ten« Metabeschreibung der Wirklichkeit.

Auch Nietzsche hatte bereits Zweifel an den kognitiven
Fähigkeiten des Menschen. In der *Morgenröte der Wissenschaft*
lautet seine Vermutung: »Die Gewohnheiten unserer Sinne
haben uns in Lug und Trug der Empfindung eingespon-
nen: Diese wieder sind die Grundlagen aller unserer Urteile
und ›Erkenntnisse‹ – es gibt durchaus kein Entrinnen, keine
Schlupf- und Schleichwege in die wirkliche Welt! Wir sind
in unserem Netz, wie Spinnen, und was wir auch darin
fangen, wir können gar nichts fangen, als was sich eben
in *unserem* Netz fangen läßt.« Und da es keine anderen
»Schlupf- und Schleichwege in die wirkliche Welt« gibt,
zieht Nietzsche in der *Fröhlichen Wissenschaft* den wenig
schmeichelhaften Schluß: »Er ist ein Denker: das heißt, er
versteht sich darauf, die Dinge einfacher zu nehmen als
sie sind.« Nietzsche empfiehlt daher, vorsorglich überhaupt
von der »Irrtümlichkeit« der erkannten Welt auszugehen.
In *Jenseits von Gut und Böse* begründet er diese Empfehlung:
»Auf welchen Standpunkt der Philosophie man sich heute
auch stellen mag: von jeder Stelle aus gesehen ist die Irrtümlichkeit der Welt, in der wir zu leben glauben, das Si-
cherste und Festeste, dessen unser Auge noch habhaft werden kann: ... wer diese Welt, samt Raum, Zeit, Gestalt,
Bewegung, als falsch erschlossen nimmt: ein solcher hätte
mindestens guten Anlaß, gegen alles Denken selbst endlich
Mißtrauen zu lernen.«

Das Denken, die Ratio also als die Quelle der Fehler, »die
Dinge einfacher zu nehmen, als sie sind.« Oder wie die

Hirnforschung beschreibt: unsere Primärwahrnehmung läßt uns glauben, dies sei alles, was da ist. Einsichten, die letztlich konvergieren mit dem bereits erwähnten neuronalen Schöpfungsfehler des »Herrn« im *Prolog im Himmel*: »Es irrt der Mensch, so lang er strebt.« Das heißt, daß wir das Ganze als das Wahre nie in den Blick bekommen. Wir behelfen uns statt dessen mit »Theorien« und »Konstruktionen« und laufen damit Gefahr, daß sich im Sinne Nietzsches unsere letzten Wahrheiten immer wieder als »unsere letzten, noch nicht erkannten Irrtümer« erweisen. Ähnlich illusionslos hatte es bereits Goethe in dem Vers formuliert: »Ihr müßt mich nicht durch Widerspruch verwirren. / Sobald man spricht, beginnt man schon zu irren.« Eine Einsicht, zu der sich dann in *Wilhelm Meisters Lehrjahre* der paradoxe Lösungsvorschlag findet: »Der Irrtum kann nur durch das Irren geheilt werden.«

Für Goethe geht dieses Bewußtsein der fehlerhaften »Konstruktionen« der Ratio sogar so weit, daß er bereits jene »Theorien« beiläufig bezweifelt, die bis vor kurzem noch zu den Konstanten des Selbstverständnisses des Menschen zählten. Es sind Konstanten, die inzwischen durch die Hirnforschung in den Verdacht geraten sind, daß es sich hier möglicherweise ebenfalls um Irrtümer handeln könnte: das menschliche Bewußtsein und der Begriff der Willensfreiheit. Die Frage, in wieweit der Mensch fähig ist, zum Bewußtsein seiner selbst zu gelangen, hat Goethe jedenfalls 1829 gegenüber Eckermann mit dem Hinweis beantwortet: »Übrigens aber ist der Mensch ein dunkles Wesen, er weiß nicht, woher er kommt und wohin er geht; er weiß wenig von der Welt und am wenigsten von sich selber: Ich kenne mich auch nicht, und Gott soll mich auch davor behüten.« Und die menschliche Willensfreiheit hat Goethe offenbar als eine »Konstruktion« im Dienste einer sozialen Konvention verstanden. Im dritten Buch von *Dichtung und Wahrheit* findet sich die entsprechende ironische Formel: »Das Wort Freiheit klingt so schön, daß man es nicht entbehren könnte, auch wenn es einen Irrtum bezeichnete.«

Die Vorzüge der Fehler

Goethe ist allerdings nicht beim neurologischen Schöpfungsdefekt der Ratio und dessen Irrtums- und Fehlerpotential stehengeblieben. Er hat vielmehr pragmatisch in diesem Defekt auch zahlreiche Vorzüge entdeckt, die das Mephisto-Wort bestätigen: »Wenn du nicht irrst, kommst du nicht zu Verstand.« Der Irrtum also als ein produktives Prinzip. Ja, sogar der Herr der Schöpfung irrt, um aus diesem Irrtum zu lernen. Auch er verfährt mit seinen Geschöpfen nach dem Prinzip von Irrtum und Versuch. Räumt doch Gott in der Genesis selber den Schöpfungsfehler ein, daß es für Adam nicht gut sei, alleine zu sein. Und auch der neue Mensch, der Adam zur Gefährtin gegeben wird, erweist sich nicht als fehlerfrei: er ist verführbar. Goethe hat diese Irrtums- und Fehlerbilanz der Schöpfung im *Westöstlichen Divan* kommentiert:

> Hans Adam war ein Erdenkloß,
> Den Gott zum Menschen machte,
> Doch bracht' er aus der Mutter Schoß,
> Noch vieles Ungeschlachte.

Und es ist dieses »Ungeschlachte«, diese Fehlernatur des Menschen, die sich überraschend als die eigentliche Conditio humana erweist. Oder wie Goethe im Anhang zu *Dichtung und Wahrheit* formuliert: »An den Fehlern erkennt man den Menschen, an den Vorzügen den einzelnen.« Warum sollte der durch seine Fehler definierte Mensch nicht auch Anspruch erheben dürfen auf eine ihm gemäße fehlerfreundliche Irrtumskultur? Eine Irrtumskultur, deren Vorzüge vor allem erkennbar werden, wenn man Fehler nicht isoliert betrachtet, sondern immer auch unter dem Aspekt, daß sich unsere Fehler bei Licht besehen auch als die Bedingung unserer »Vorzüge« erweisen könnten.

Mit dem »Himmelslicht« der Ratio kann der Mensch zwar »tierischer« verfahren »als jedes Tier«, aber die Fehler der Ratio des Menschen lassen ihn andererseits als liebenswürdig und erträglich erscheinen. Sie sind sogar die Bedingung, daß jeder seine eigenen Mängel und Fehler verstehen könnte als eine Möglichkeit, den anderen zu lieben und dessen Mängel und Fehler zu verzeihen. Eine Fehlerhumanität also. Diese Geburt der Humanität aus Fehlern hatte Goethe denn auch im Blick, als er in den *Zahmen Xenien* für eine fehlerfreundliche Lebenskunst plädierte:

> Fehlst du; laß dich's nicht betrüben:
> Denn der Mangel führt zum Lieben;
> Kannst dich nicht vom Fehl befrei'n;
> Wirst du Andern gern verzeih'n.

In derselben *Xenien*-Sammlung übertreibt Goethe sogar übermütig diese Entdeckung der humanisierenden Vorteile der Fehler mit den provozierend paradoxen Versen:

> Ich bin so guter Dinge
> So heiter und so rein,
> Und wenn ich einen Fehler beginge,
> Könnt's keiner sein.

Diese Leichtigkeit, mit der man einen Fehler begeht, als »könnt's keiner sein«, wird hier empfohlen als ideale Form des Umgangs mit eigenen und fremden Fehlern. Und dies nicht zuletzt auch, um Duldsamkeit und Nachsicht zu fördern als wichtige Parameter sozialer Intelligenz. Unserer Null-Fehler-Kultur ist dieser Umgang freilich fremd. Die alle Lebensbereiche dominierende Ratio toleriert keine Fehler, denn »der Verstand ... ist hochmütig und ein abgenötigter Widerruf bringt ihn in Verzweiflung«. Wenn Nietzsche Goethe in der Geschichte der Deutschen als einen »Zwischenfall ohne Folgen« bezeichnet hat, so gehört zu dieser Folgenlosigkeit in der Null-Fehler-Geschichte der Deutschen mit einiger Sicherheit auch Goethes konsequente Fehlerbejahung, seine Akzeptanz der Fehler als Bedingung der Humanität. Nietzsche hat denn auch Goethe als »Dionysos« gefeiert, weil er die Größe gehabt habe, nicht zu verneinen: »Er ist der, der nicht verneint.«

Dieses Nichtverneinen, diesen verträglichen Umgang mit eigenen und fremden Irrtümern und Fehlern hat Goethe in *Dichtung und Wahrheit* ergänzt durch den Hinweis, daß wir, »indem wir unsere Tugenden ausbilden, unsere Fehler zugleich mit anbauen.« In den *Wanderjahren* betrachtet er sogar Verbrechen und Sünde nicht etwa als »Hindernisse«, sondern als »Fördernisse des Heils«. Denn »von Natur besitzen wir keinen Fehler, der nicht zur Tugend, keine Tugend, die nicht zum Fehler werden könnte.« Womit sich der unorthodoxe Ratschlag Goethes erklärt, den er Zelter 1811 in einem Brief erteilt: »Legen Sie ja, mein lieber Freund, keinen alten Fehler ab. Sie fallen entweder in einen neuen, oder man hält Ihre neue Tugend nur für einen Fehler; und Sie mögen sich stellen, wie Sie wollen, so kommen Sie weder mit sich noch mit andern ganz ins gleiche.«

Um mit sich und seinen Fehlern und Tugenden ins gleiche zu kommen, empfiehlt Goethe in den *Erzählungen deutscher Ausgewanderten* vor allem »gesellige Duldsamkeit« zur Förderung einer irrtumsfreundlichen Gesprächskultur. Eine Duldsamkeit, die getragen ist vom Wissen um Mißverständnisse als »die Quellen der Unterhaltung und des tätigen Lebens«. Wie überhaupt Goethe eine aus Fehlereinsichten gewonnene »gesellige Duldsamkeit« jeder immer älter werdenden Gesellschaft empfiehlt: »Man darf nur alt werden, um milder zu sein; ich sehe keinen Fehler begehen, den ich nicht auch begangen hätte.«

Daß diese fehlerfreundliche Einsicht auch pädagogische Aspekte einschließt, liegt auf der Hand. Goethe selber hat in diesem Sinne die Grundrisse einer fehlerfreundlichen Erziehung 1804 in einem Brief an H. K. Eichstädt angedeutet: »Jede Rückkehr vom Irrtum bildet mächtig den Menschen im einzelnen und ganzen aus, so daß man wohl begreifen kann, wie dem Herzensforscher ein reuiger Sünder lieber sein kann als neunundneunzig Gerechte.«

Null-Fehler-Kultur

oder

»Der Fortschritt der Abstraktion«

Wie aber verfährt unsere Gesellschaft mit jenem »reuigen Sünder«, der dem Herzensforscher lieber ist als »neunundneunzig Gerechte«? Akzeptiert sie überhaupt »reuige Sünder«? Goethe fordert zwar in *Maximen und Reflexionen*: »Toleranz sollte eigentlich nur eine vorübergehende Gesinnung sein; sie muß zur Anerkennung führen. Dulden heißt beleidigen.« Aber er kennt auch die gegenläufige Tendenz: »Im Praktischen ist doch kein Mensch tolerant! Denn wer versichert, daß er jedem seine Art und Weise gerne lassen wolle, sucht doch immer diejenigen von der Tätigkeit auszuschließen, die nicht so denken wie er.« Dies ist jedenfalls die dem »hochmütigen« Verstande gemäße Haltung. Und schon Schiller ist in den bereits erwähnten *Briefen über die ästhetische Erziehung des Menschen* den Vorzügen und Fehlern der Ratio nachgegangen. Mit dem Ergebnis, daß »Aufklärung und Wissenschaft« der Gesellschaft durchaus große Vorteile ermöglicht habe. Es gelte aber auch, nicht die Augen zu verschließen vor ihren Nachteilen. Sie habe nämlich den einzelnen zugleich in eine Selbstentfremdung geführt.

Zu dieser Selbstentfremdung jedoch zählt im Zuge der ständig sich beschleunigenden Spezialisierung in Wissenschaft und Technik auch die schwindende Bereitschaft zur Irrtums- und Fehlertoleranz. Es schwindet die Bereitschaft, die Fehlerhaftigkeit des Menschen zu akzeptieren. Gleichzeitig herrscht das Bewußtsein, daß das ständig wachsende Fehlerrisiko als Folge des Fortschritts in letzter Konsequenz jeden Fehler verbieten muß. Denn menschliches Fehlverhalten läuft zunehmend Gefahr, den größten anzunehmenden Unfall zu verursachen. Hinzu kommt, daß die rapide wachsende technische Null-Fehler-Kultur im 20. Jahrhundert begleitet wird von einer rasch expandierenden weltanschaulich-ideologischen Null-Fehler-Kultur. Das heißt: Einerseits gewinnt die militär- und energietechnische Umsetzung der Ergebnisse der Nuklearforschung gigantische Risikodimensionen im Falle menschlichen Versagens beim Umgang mit dieser Technik, andererseits gewinnt parallel hierzu jede Fehlerkritik gegenüber der praktisch-politischen Umsetzung ideologischer Absolutheitsansprüche eine tödliche Risikodimension für den einzelnen, seine Familie und seine Freunde.

Eine weltanschaulich-ideologische Null-Fehler-Kultur, die im Mai 1945 Ernst Jünger bilanziert hat. Mit dem Ergebnis, daß sie dem bereits erwähnten Fehlerpotential der theoriegeneigten Ratio geschuldet ist – oder wie es Jünger formuliert: »dem Fortschritt der Abstraktion«. Ein »Fortschritt«, der sich als Banalität des Bösen in Gestalt »penetranter Bürgerlichkeit« etwa eines Heinrich Himmler gerierte und jede Abweichung von der als absolut gesetzten Norm als Fehler mit Todesfolge ahndete. Und dies in Form eines geschäftsmäßig freundlichen Terrors, dessen Anonymität bereits Franz Kafka im 1914 begonnenen Roman *Der Prozeß* gleich im ersten Satz festgehalten hat: »Jemand mußte Josef K. verleumdet haben, denn ohne daß er etwas Böses getan hätte, wurde er eines Morgens verhaftet.« Kaum ein halbes Jahrhundert später ist der zur Anonymität des Bösen geronnene »Fortschritt der Abstraktion« bereits verschwistert mit einer Automatik der Barbarei, die Jünger mit den Worten ausdrückt: »Hinter dem nächsten Schalter kann unser Henker auftauchen. Heut stellt er uns einen eingeschriebenen Brief und morgen das Todesurteil zu.

Heut locht er uns die Fahrkarte und morgen den Hinterkopf. Beides vollzieht er mit der gleichen Pedanterie, dem gleichen Pflichtgefühl.«

Womit sich im 21. Jahrhundert die Frage stellt: Wie reagiert heute dieser »Fortschritt der Abstraktion« im Zeichen großdimensionierter Wissenschafts- und Technikprojekte mit immer unsicherer werdender Folgenabschätzung auf mögliche Irrtümer und Fehler? Mutiert der fehlerhafte »antiquierte« Mensch selber zum größten anzunehmenden Unfall und Risikofaktor in einer Welt sich verselbständigender und auf Fehlerfreiheit angewiesener szientistisch-technischer Prozesse? Fragen, denen bereits 1987 der Soziologe Bernd Guggenberger in seinem Buch *Das Menschenrecht auf Irrtum – Anleitung zur Unvollkommenheit* nachgegangen ist. Er kommt zu dem Ergebnis, daß das falsche Vollkommenheitsideal unserer fehlerfeindlichen Technostruktur jede Möglichkeit des Irrtums zunehmend verbiete. Je weniger menschliches Versagen toleriert wird, desto mehr wird der immer wieder versagende unvollkommene Mensch zum gefährlichen Störfaktor reibungsloser technischer Abläufe.

Guggenberger hat auch daran erinnert, daß fast alles, was wir geworden sind und erworben haben, unserer Irrtumsfähigkeit, dem Prinzip von Versuch und Irrtum geschuldet ist. Hinzu komme, daß sich unsere Irrtümer und Fehler möglicherweise zu Fehlern mit nicht mehr zu korrigierenden und gattungsbedrohenden Schadensfolgen auswachsen könnten, wenn wir uns selber das Recht und die Chance verweigerten, auch in Zukunft Irrtümer und Fehler zu begehen. Vor allem im Hinblick auf Tschernobyl und die Folgen hat Guggenberger darauf aufmerksam gemacht, daß diese Gefahr angesichts der Tatsache wachse, daß wir in einer Epoche leben, »in welcher, wie nie zuvor in der Geschichte, der Berg des erfahrungsfreien Wissens mit ... atemberaubender Geschwindigkeit zum Himmel wächst.« Hiermit sind zwei wesentliche Parameter unserer zunehmend risikoreichen Null-Fehler-Kultur angedeutet: einerseits die rasante und inzwischen digital gestützte Beschleunigung aller Lebensbereiche und andererseits die nach Guggenberger damit verbundene »Enteignung der Sinne«. Mit der durch die Dominanz der Ratio bedingten »Enteignung der Sinne« aber wächst gleichzeitig die Gefahr, daß die sich vor allem auf Erfahrung stützende Vorstellungskraft zunehmend entmachtet wird. Die Folge ist, daß sich der Mensch der Fatalität möglicher Irrtümer und Fehler bei der Umsetzung von Planungstheorien in reale Handlungen immer weniger bewußt wird.

Schon Georg Büchner hat in *Dantons Tod*, im Hinblick auf die Französische Revolution und den Terror der Guillotine, auf den darin sichtbar werdenden Zusammenhang zwischen theoretischem Räsonieren und dessen Fehlerfolgen in der Wirklichkeit den Zwischenruf riskiert: »Geht einmal euren Phrasen nach, bis zu dem Punkt, wo sie verkörpert werden. ... Diese Elenden, ihre Henker und die Guillotine sind eure lebendig gewordnen Reden.«

Büchners Zwischenruf wäre heute, im Zeitalter rapider Entwicklungen in Biogenetik, Hirnforschung, künstlicher Intelligenz und Robotik neu zu formulieren: Welche »lebendig gewordenen« Konsequenzen sind zu erwarten von einer Fortschrittsrede, die Gefahr läuft, sich als erfahrungslose Prognose einer Zukunft mit unabsehbaren Irrtums- und Fehlerrisiken zu erweisen? Diese Verschränkung von segensreichem Fortschritt und unabsehbaren Fehlerrisiken macht Wolfgang Frühwald transparent: »Die Wissenschaft wird viel zur Erleichterung der Mühsal dieses Lebens beitragen können, ihre Allmachtsphantasien aber, ihre Utopien des optimierten Menschen sind Schreckensvisionen, die wir deshalb anzweifeln müssen, weil der Mensch als ein gebrechliches, überkomplexes Wesen in der zerbrechlichen Einrichtung der Welt zu Hause ist.«

Sicher ist, daß der Mensch als »gebrechliches ... Wesen in der zerbrechlichen Einrichtung der Welt« sich bislang zur Korrektur und Begrenzung seiner Irrtümer und Fehler vor allem auf Erfahrung stützte und auch weiterhin von ihr abhängig sein wird. Mit dem naheliegenden Schluß, daß mit der raschen Zunahme von erfahrungslosem Wissen vor dem Horizont virtueller Welten der Mensch Gefahr läuft, bei der Bewältigung von Fehlern zunehmend überfordert zu sein.

Indes lassen neurobiologische Erkenntnisse den Schluß zu, daß dem Menschen immerhin mehrere Erfahrungsquellen für den Umgang und die Bewältigung von Irrtümern und Fehlern zur Verfügung stehen. Das menschliche Gehirn erlaubt ihm nämlich einerseits, zurückzugreifen auf uralte entwicklungsbiologisch gewonnene Irrtums- und Fehlererfahrungen. Andererseits ist der Mensch in der Lage, diesen archaischen Erfahrungsvorrat individuell zu ergänzen durch die eigene Biographie seiner Irrtums- und Fehlererfahrungen. Die Hirnforschung bestätigt, daß die Entwicklung des Gehirns zum Zeitpunkt der Geburt keineswegs abgeschlossen ist. Während sich strukturelle Veränderungen auch weiterhin unter dem Einfluß von Erfahrung vollziehen, sei jedoch die Architektur der Verbindungen zwischen den Nervenzellen in Grundzügen genetisch vorgegeben. Diese genetisch bedingte Architektur der Verbindungen könne gewissermaßen als ein Speicher betrachtet werden, in welchem der Mensch seine während der Evolution »gewonnene Erfahrung über das Dasein in der Welt« gehortet hat. Wobei vermutet werden darf, daß im genetischen Erfahrungsspeicher beim Prozeß der Selektion der

Verbindungen die durch Versuch und Irrtum gewonnenen Fehlererfahrungen des Menschen offenbar eine wichtige Funktion übernommen haben. Es bleiben nur diejenigen Verbindungen erhalten, die sich im Kontext des Verhaltens und der vorgefundenen Umwelt als zweckmäßig erwiesen haben.

Auch die Hirnforschung hat Zweifel angemeldet gegenüber einer einseitig rational orientierten Ausbildung der Gehirnfunktionen. Die Diskrepanz in der Beurteilung von Fehlern zwischen der stark ratioorientierten westlichen Kultur und einer offenbar weniger ratiohörigen nichtwestlichen Kultur hat Singer anhand eines eindrucksvollen Beispiels beschrieben. Ein chinesischer Doktorand hatte bei ihm Experimente nach westlichem Zuschnitt durchgeführt mit Kontrollexperimenten »nach westlichem Ritus« und den damit verbundenen Voraussagen über die zu erwartenden Versuchsergebnisse. Allerdings ergab sich ein für westliche Wissenschaftler katastrophales Resultat: es zeigten sich nämlich andere Ergebnisse, als man erwartet hatte. Folglich mußte etwas falsch sein. Ein Fehler also, ein Irrtum hatte sich ereignet. Zur großen Überraschung der westlichen Kollegen war dies jedoch für den chinesischen Kollegen überhaupt kein Problem. Er vertrat vielmehr die Meinung, daß die Welt kompliziert sei; man müsse einfach ein anderes Experiment machen, dann komme etwas anderes heraus und so sei doch alles in Ordnung.

Singer zieht daraus die Konsequenz, daß der chinesische Kollege ganz offensichtlich den »Zwang der logischen Kohärenz von rationalen Argumenten nicht so empfunden (hat) wie wir. Es gibt mehr als ein Richtig und Falsch, es gibt einen Zustand, wo die Dinge nicht aufgehen, und das ist auch recht.« Singer ergänzt dieses Fazit mit der Vermutung: »Vielleicht haben diese (nicht-westlichen) Kulturen auch ein umfassenderes Bild von lebensrelevanten Inhalten, als wir das haben«.

Womit sich grundsätzlich die Frage nach der Relativität des Fehlerverständnisses, aber auch der Fehlerbeherrschung einer rational orientierten westlichen Wissenschaftstradition stellt. Reichen unsere Verfahren (noch) aus, um verläßliche Aussagen zu treffen über Fehlerentwicklungen in immer komplexer werdenden Systemen? Systeme, die sich heute präsentieren in Problembereichen mit globalen Dimensionen wie Umwelt, Wirtschaft, Dynamik der Population und Entwicklung der nuklearen Technik. Wächst die Gefahr, daß die rationalen Verfahren unseres Erziehungs- und Wissenschaftssystems für die Beherrschung dieser immer komplexer werdenden Systeme und deren Irrtums- und Fehlerrisiken immer weniger ausreichen? Welche Konsequenzen ergeben sich hieraus für »Irrtums-Katastrophen«, wie zum Beispiel die nicht mehr völlig auszuschließende Möglichkeit einer Veränderung des Phänotyps des Menschen durch Eingriffe in seinen Genotyp?

Mit diesem beunruhigenden und auf keine Erfahrung gestützten Blick nach vorn mit möglicherweise nicht mehr korrigierbaren Folgen verbindet sich der entspanntere Blick zurück in archaische, evolutionshistorische Prozesse, in denen sich so etwas wie die Erfahrung einer Dialektik von Fehlern und Vorzügen im überschaubaren Bereich von Versuch und Irrtum erkennen läßt.

Diesem Blick nach vorn und zurück gelten die folgenden Kapitel. Sie sind geeignet, Apokalyptiker und Evangelisten, Pessimisten und Optimisten gleichermaßen auf den Plan zu rufen. Wobei nicht unberücksichtigt bleiben sollte, daß Optimismus wahrscheinlich nichts anderes ist als Mangel an Information. Während Pessimisten sich erinnern sollten an den Hinweis Nestroys: »Wenn alle Stricke reißen, häng ich mich auf.« Oder wie es zuversichtlich schon Goethe formuliert hat:

Lass nur die Sorge sein,
Das gibt sich alles schon;
Und fällt der Himmel ein,
Kommt doch eine Lerche davon.

Der Blick zurück –
das Archiv unserer Fehler
und Vorzüge

Die Hoffnung, daß immer noch eine Lerche davonkommt, wenn der Himmel einfällt, ließe sich vor allem begründen mit jenem aus Versuch und Irrtum gewonnenen eisernen Vorrat an Fehlererfahrungen, die der Mensch offenbar während der Evolution in seinen Genen angehäuft hat. Es ist ein archaisch schriftloses Erfahrungsarchiv von Reflexen zur Vermeidung von Fehlern. Ein Fehlerarchiv der Evolution, das in jedem neuen Gehirn bereits präsent ist, um ergänzt zu werden durch das vom genetischen Wissen kaum unterscheidbare frühkindliche Erfahrungswissen, dem sich schließlich das Wissen durch Lernen und weitere Erfahrungen der kulturellen Evolution hinzugesellen.

Die Hirnforschung hat darauf hingewiesen, daß das über frühe Prägung, Erziehung und Lernen erworbene Erfahrungswissen entscheidend die kulturelle Evolution beschleunigt habe. Demgegenüber habe sich das in Jahrtausenden während der biologischen Evolution erworbene Erfahrungswissen im wesentlichen kaum verändert. Dieses genetische Erfahrungswissen ist einerseits bestimmt durch einen unverändert stabilen Kanon elementarer Verhaltensmuster im Wahrnehmen und Bewältigen von Fehlern. Es ist aber andererseits ein sehr begrenzter Kosmos von Fehlererfahrungen. Mit der Folge, daß gerade dieser Kosmos sich zunehmend als rat- und hilflos erweist gegenüber dem immer rascher wachsenden und noch nicht erfahrungsgestützten Zuwachs an Wissen und Gestaltungsmöglichkeiten als Ergebnis der kulturellen Evolution. Oder wie es der Hirnforscher Manfred Spitzer formuliert hat: Menschen »können mit relativen (aus Erfahrung gewonnenen) Häufigkeiten wesentlich besser umgehen als mit (nicht auf Erfahrung gestützten) Wahrscheinlichkeiten ...«

Aber nicht nur die Quantität möglicher Irrtümer und Fehler nimmt mit den rasant wachsenden szientistisch-technischen Zukunftsszenarien zu. Auch die Qualität der Irrtümer und Fehler wandelt sich. Gemeint sind Eingriffsmöglichkeiten in jene bislang unzugänglichen, aber aus Versuch und Irrtum gewonnenen Konstanten der biologischen Evolution und des Erfahrungswissens des Menschen – wie zum Beispiel der Vorgang des Sterbens und das bisher aus der Rekombination von Erbgut existierender Organismen erzeugte Leben. Selbst diese Konstanten könnten sich ändern. Das ergibt sich einerseits aus der sich abzeichnenden Möglichkeit, die für Alterungsprozesse verantwortlichen Gene zu identifizieren und durch deren Manipulation die Mortalität grundlegend zu verändern. Mit Konsequenzen für die Weltpopulation und das individuelle Leben, die jenseits aller tradierten Fehlererfahrungen liegen. Und könnte nicht auch andererseits sogar das genetische Erfahrungswissen verblassen angesichts der Möglichkeit, die zufallsbedingte und langsam über viele Generationen verlaufende Veränderung von Erbgut zu beschleunigen? Durch mögliche Optionen beim Gendesign und bei der Planung neuer Organismen wären auch Konsequenzen zu erwarten, die jede bisherige Erfahrung im Umgang mit Versuch und Irrtum übersteigen könnten.

Sogar die Hirnfunktionen des Menschen rücken ins Blickfeld möglicher künftiger Veränderungen. Bislang ging das menschliche Selbstverständnis davon aus, daß Leistungen unseres Gehirns erfolgreich und kontrollierbar an technische Systeme delegiert werden können – wie zum Beispiel die Lösung von Intelligenzproblemen beim Schachspiel oder der Mathematik durch Maschinen. Für Wolf Singer erscheint es durchaus denkbar, daß die bisherigen mentalen Prozesse des Menschen überboten werden könnten. So zum Beispiel durch die Konzeption von dem menschlichen Gehirn analogen künstlichen Systemen, die sogar in der Lage sein könnten, Entwicklungs- und Lernprozesse vorwiegend selbst zu organisieren. Auf diese Weise wäre ein höherer Komplexitätsgrad erreichbar, der nicht nur die menschlichen Analyse-, Planungs- und Strukturierungsmöglichkeiten weit übertreffen würde. Es würde auch bedeuten, daß hiermit erstmals künstliche Systeme geschaffen werden könnten, die selber in der Lage wären, eigene »Erfahrungen« zu machen und »Initiativen« zu entwickeln beim Generieren und Bewältigen von Irrtümern und Fehlern. »Erfahrungen jedenfalls, die dem bisherigen genetischen Erfahrungswissen des Menschen unzugänglich sein dürften. Und dies mit völlig unabsehbaren und vom Menschen nicht mehr kontrollierbaren Konsequenzen.« Wolf Singer hat diese Perspektive mit der naheliegenden dringlichen Empfehlung verbunden, daß wir schon jetzt darüber nachdenken sollten, wie wir mit solchen Systemen umgehen wollen. Eine Empfehlung, die sich allerdings an den »antiquierten« Menschen mit »antiquierten« Hirnfunktionen und einer daraus resultierenden »antiquierten« Irrtums- und Fehlerkultur richtet.

Warum aber ist diese Irrtums- und Fehlerkultur »antiquiert«? Die Ursache läßt sich vermutlich in dem sehr begrenzten Anwendungsbereich des Versuchs- und Irrtumsprinzips in der Evolution des Gehirns suchen. Wenn Goethe in dem bereits erwähnten Zitat aus *Maximen und Reflexionen* dem menschlichen Verstand »vorwirft«, daß er auf Grund seiner ungeduldig übereilenden Natur Theorien schaffe, statt die Phänomene genau anzuschauen, so ließe sich dieser voreilige Reflex der Ratio möglicherweise erhellen im Lichte einer archaischen Strategie des Gehirns. Die »übereilende« Natur des Verstandes wäre dann nämlich das Resultat einer in der Evolution einseitigen, aber dafür besonders erfolgreichen Konzentration der Gehirnentwicklung auf das Überleben des Menschen im Wettbewerb der Individuen. Mit der Folge, daß während der Evolution kaum Selektionsdruck bestand für eine Konzentration der Gehirnentwicklung zur Ausbildung ausgeprägter kognitiver Fähigkeiten im Sinne einer umfassenden und genauen Wahrnehmung der Phänomene. Das heißt, das Überleben des Subjekts hatte entschieden Vorrang gegenüber dem objektiven Erfassen der Wirklichkeit. An die Stelle der für das Überleben nicht benötigten Objektivität trat als abkürzendes – im Goetheschen Sinne »übereilendes« – Verfahren die kognitive Ersatzlösung: der Notbehelf eines sehr begrenzten Erfassens der Realität mit Hilfe von Konstrukten und Theorien. Mit der Konsequenz, daß das Fehler- und Irrtumsrisiko zunehmen muß bei zunehmender Komplexität der Welt im Laufe der kulturellen Evolution. Eine Einsicht, die im übrigen gestützt wird durch die Argumente einer evolutionären Erkenntnistheorie, die bereits um die Wende zum 20. Jahrhundert durch den Wiener Physiker Ludwig Boltzmann vorgetragen wurde. Der Vorteil, der (in der Evolution als Produkt der Selektion entwickelten) kognitiven Fähigkeiten des Menschen war schon für Boltzmann das Resultat einer auf das Überleben beschränkten Realitätswahrnehmung.

Dieser Vorteil läßt sich verständlicherweise aber zugleich als Fehler deuten, da es sich nur um sehr begrenzte Erkenntnisfähigkeiten handelt. Schon Immanuel Kant hat auf die durchaus beschränkte Zahl der Kategorien und Anschauungsformen hingewiesen, mit denen der Mensch die Wirklichkeit wahrnimmt. Der Wissenschaftsphilosoph

Gerhard Vollmer hat für diesen sehr engen kognitiven Erkenntnishorizont den Ausdruck »Mesokosmos« vorgeschlagen, um anzudeuten, daß der Mensch sich mit seinen Wahrnehmungsmöglichkeiten in jenem kleinen Zwischenraum bewegt, der zwischen den unvorstellbaren Dimensionen des Makrokosmos des Universums und des Nanokosmos der Atome angesiedelt ist. Diese begrenzten kognitiven Fähigkeiten sind allerdings gepaart mit einer Eigenschaft des menschlichen Gehirns, aus der sich überraschenderweise Einsichten gewinnen ließen für eine mögliche Senkung von Fehler- und Irrtumsrisiken beim Umgang mit immer komplexer werdenden Systemen, die aus der kulturellen Evolution resultieren. Die Ergebnisse der Hirnforschung zeigen nämlich, daß das menschliche Gehirn bei der Interpretation der wahrnehmbaren Welt nicht zentralistisch verfährt und unsere Entscheidungen das Resultat »föderaler« Prozesse der Selbstorganisation des Gehirns sind. Es sind Prozesse, die bestimmt sind durch den Wettbewerb zwischen »unterschiedlich wahrscheinlichen Gruppierungsanordnungen«. Das heißt, das Gehirn arbeitet selbst bei der Bewältigung komplexer Probleme mit einer dezentralen Strategie. Es ist ein wichtiges Merkmal dieser Strategie, daß sie im Ergebnis wesentlich schneller und effizienter beim Vermeiden von Irrtümern und Fehlern ist als jene hierarchisch organisierten Entscheidungssysteme, die wir in Politik und Wirtschaft praktizieren. Das Fehler- und Irrtumsrisiko steigt in hierarchisch organisierten Systemen der menschlichen Gesellschaft sogar exponentiell mit zunehmender Komplexität der Probleme. Die Hirnforschung hat dieses Phänomen erläutert mit dem Hinweis auf die Überforderung der Entscheidungsträger durch ein Zuviel der zu bewertenden Informationen. Eine Situation, der in der Regel mit der fatalen Alternative begegnet wird, daß Mitarbeiter zur Entlastung des Entscheidungsträgers vorsorglich Informationen entweder unterdrücken oder eliminieren.

Zur Senkung des Irrtums- und Fehlerrisikos angesichts ständig wachsender komplexer und globaler Probleme bietet sich also an, den Blick zurück zu lenken auf das alte biologische Evolutionsarchiv dezentraler neuronaler Entscheidungsmechanismen. Oder wie Wolf Singer empfiehlt: »Man sollte also prüfen, ob es nicht vorteilhaft wäre, von der Natur zu lernen und die Entscheidungssysteme in Politik und Wirtschaft an neuronalen Entscheidungsarchitekturen zu orientieren.«

Homo erectus

oder

Weitere Vorteile der Fehler

1984: An der Westküste des in Kenia gelegenen Turkana-
sees wird das fast vollständige Skelett eines jungen Homo
erectus gefunden. Er ist einer größeren Öffentlichkeit als der
»Junge von Turkana« bekannt geworden. Ein besonders
wichtiger Fund, weil er eine neue Grundlage für den Streit
lieferte, ob der Homo erectus bereits jene Vorzüge und
Fehler besaß, die ihn als homo sapiens qualifizieren würden.
Besaß er zum Beispiel schon die Fähigkeit der Sprache? Bestand schon die lange Betreuungsabhängigkeit von der Mutter? Erlaubte der »Junge von Turkana« also Aufschlüsse
über die Entwicklungsbiologie unserer frühen Ahnen? Aufschlüsse, die sich möglicherweise als späte Bestätigung der
bereits erwähnten Goetheschen Einsicht in den ambivalen-
ten Charakter unserer Fehler deuten ließen: »Von Natur
besitzen wir keinen Fehler, der nicht zur Tugend, keine
Tugend, die nicht zum Fehler werden könnte.«

Der Evolutionsforscher Richard Leakey weist auf diese
Ambivalenz der »Tugenden« und »Fehler« im Sinne von evo-
lutionsbiologischen (Fitness-)Mängeln und (Fitness-)Vorzü-
gen hin, indem er auf einen scheinbaren Mangel aufmerksam macht. Die im Vergleich zu den Nachkommen anderer
Primaten völlig hilflosen Kinder des Menschen müssen im
ersten Lebensjahr intensiv betreut werden. Ein Mangel, der
sich aber als entwicklungsbiologischer Vorteil erweist, weil
die lange Abhängigkeit von der Mutter auch eine ent-
sprechend lange Lernphase für die von der Mutter zu er-
werbenden Verhaltensweisen zur Folge hat. Evolutionsforscher vermuten, daß sich hinter der Abhängigkeit von

der Mutter sogar noch ein weiteres Phänomen verbirgt, das Auskunft geben könnte über die Entwicklung der Vorteile und Mängel des Menschen: der Schmerz. Dieser sei ein in der Evolution erworbener Überlebensvorteil des Menschen, der in engem Zusammenhang gesehen werden müsse mit der denkbar höchsten Gefahr für das Kind, der Trennung von der Mutter. Ein vorteilhaftes Alarmsystem der Evolution mit dem »Nachteil«, daß frühe Trennungserfahrungen über körperliche Schmerzen bis ins Erwachsenenalter nachwirken können. Durch Untersuchungen in der Psychosomatik konnte nachgewiesen werden, daß bei erwachsenen Patienten emotionale Zurückweisung im Kindesalter eine Hauptursache für anhaltende Schmerzen ohne organischen Ursprung ist. Im Gegenzug gibt es Hinweise, daß bei Jungtieren, deren Bindungsverlangen zur Mutter ausreichend befriedigt wurde, genetisch positive Umprogrammierungen zugunsten von Optimierungen an den Stellen des Erbgutes, die für Streßresistenz verantwortlich sind, stattfinden konnten.

Einen weiteren Mangel der Hominiden sieht Leakey in der Bipedie, im aufrechten Gang, in der Gefahr, etwa im Falle einer ernsthaften Verletzung der Beine zu verhungern, zu verdursten oder verstoßen zu werden. Ein Mangel, der sich andererseits als entwicklungsbiologischer Vorteil erweist, da eine Selektion hin zur menschlichen Kooperation begünstigt wird. Denn es wäre außerordentlich verschwenderisch, eine bipede Spezies mit großen Investitionen in der Aufzucht einfach aufzugeben.

In diesem Zusammenhang sei auch hingewiesen auf die Vermutung des Molekularbiologen Martin Heisenberg, daß diese einem Mangel geschuldete Selektion hin zur Kooperation mit der damit verbundenen außerordentlichen Intensivierung sozialer Bindungen sogar zum größten anzunehmenden Vorteil des Menschen geführt haben dürfte. Nämlich jene Entwicklung, die im Tierreich keine Parallele hat: die Sprache. Ausgerechnet bei der Beurteilung dieses größten anzunehmenden Vorteils des Menschen aber lassen sich unerwartete Nachteile erkennen. Nachteile, die sich erst heute, in einer späten Phase der (mit Hilfe der Sprache ermöglichten) kulturellen Evolution in der hochentwickelten Kommunikationsgesellschaft der Moderne bemerkbar machen.

Der Neurologe Detlev Ploog hat in seinem Buch *Der Mensch und sein Gehirn* darauf aufmerksam gemacht, daß die Entwicklung der Sprache mit primär sozialer Funktion als erfolgreiche Weiterentwicklung der ursprünglich nichtverbalen Kommunikation verstanden werden könne. Wobei sich nach Ploogs Auffassung im heutigen Kommunikationsverhalten die alten (im limbischen Hirnareal lokalisierbaren) und die neuen (den neokortikalen Hirnarealen zuzuordnenden) Kommunikationsformen verschränken. Das heißt, mit dem Schreib- und Lesevermögen habe einerseits zwar das neokortikale Kommunikationssystem Differenzierungen erfahren. Es liege aber die Vermutung nahe, daß andererseits das alte Kommunikationssystem mit seinen stimmlichen und mimischen Ausdrucksmöglichkeiten des alten emotionalen Gehirns seit den frühen Jäger- und Sammlerzeiten unverändert geblieben sei. Eine Divergenz, in der sich ausgerechnet der Vorteil der Entwicklung der neokortikalen Hirnareale jetzt als ein Problem beim Umgang mit den Kommunikationssystemen der Moderne erweise. Ploog sieht dieses Problem vor allem beim Siegeszug des Fernsehens. Die Kommunikationsform des Fernsehens wird offenbar deshalb als besonders fesselnd empfunden, weil hier die sprachliche Mitteilung (als neokortikale Aktivität) eng mit stimmlich und mimisch erzeugten Emotionen des alten (limbischen) Kommunikationssystems verbunden ist. Dazu gehört auch das unmittelbar mit positiven oder negativen Gefühlen und Urteilen verknüpfte Wiedererkennen von Gesichtern auf dem Fernsehbildschirm. Daher stehe die vor dem Fernseher verbrachte Zeit in keinem Verhältnis zu den wenigen durch sprachliche Mitteilung gewonnenen Gedächtnisinhalten. Hinzu komme, daß die überwiegend auf die limbische Kommunikation gestützten persönlichen Beziehungen wie Haß und Liebe, die in modernen Medien virtuell ausgetragen werden, »überdimensionale Solidarisierungseffekte« verursachen. Die ständige gleichzeitige Stimulierung der limbischen und neokortikalen Kommunikationssysteme durch das Fernsehen lasse einen Kosmos interpersonaler Scheinbeziehungen und virtueller Welten im Wohnzimmer des Zuschauers entstehen, die in keinem Verhältnis zur eigentlichen Realität des Zuschauers stehen: »Hier entstehen Kommunikationsformen, deren Auswirkungen auf das menschliche Gemeinschaftsleben noch nicht abzusehen sind.«

Auf die Nachteile der ursprünglichen Vorteile unserer Gehirnfunktionen im Zusammenhang mit dem Siegeszug des Fernsehens hat inzwischen auch die evolutionäre Psychologie aufmerksam gemacht. Der Wissenschaftshistoriker Ernst Peter Fischer weist in *Die andere Bildung* in diesem Zusammenhang auf den in der frühen Phase der Evolution erworbenen Vorteil der Angst als wichtiges Produkt der Selektion hin. Ohne diesen emotionalen Reflex wären die Lebenschancen der Hominiden in der äußerst unsicheren Umwelt der Frühzeit sicherlich wesentlich geringer gewesen. Ein evolutionärer Vorteil, der zumindest als mitverdächtiger Nachteil betrachtet werden könne, für jene durch das Fernsehen besonders intensiv generierten Angstreaktionen wie Verzweiflung und Depression.

Die Ambivalenz entwicklungsbiologischer Vor- und Nachteile gilt heute zum Beispiel auch für die Wettbewerbsneigung des Menschen als Fitness- und Überlebensvorteil. Ein einst in kleinen Gruppen und Lebensgemeinschaften entwickelter Vorzug der Hominiden, der im Zeitalter globaler Massenkommunikation nun Gefahr laufe, zum Nachteil zu mutieren. Die medial vermittelten virtuellen Welten mit phantastischen und unerreichbar überlegenen Biographien verursachen beim verunsicherten Betrachter eine Hoffnungslosigkeit, die wiederum zu Ersatzhandlungen wie Alkohol- und Drogenmißbrauch führen kann.

Auch bei der Entstehung und Bewältigung großer gesellschaftlicher Konflikte in modernen Zivilgesellschaften scheint sich die Ambivalenz entwicklungsbiologischer Vor- und Nachteile als wirkmächtig zu erweisen. Ploog hat in diesem Zusammenhang daran erinnert, daß das ursprünglich vorteilhafte und weiterhin zum festen Kanon menschlicher Emotionen zählende Streben nach Gewinnmaximierung zunehmend in Konflikt gerate mit jenen ständig wachsenden notwendigen Begrenzungen dieses Strebens, die ihrerseits Folgen der kulturellen Evolution sind. Zu diesem Risikopotential geselle sich das ebenfalls zum alten emotionalen Kanon zählende ursprünglich vorteilhafte Territorialverhalten menschlicher Kleingruppen, das jetzt, mit modernen Mitteln, rasch Gefahr laufe, Dimensionen eines Genozids anzunehmen.

Krankheiten
oder
Vorzüge und Fehler der Hominidenevolution

Die entwicklungsbiologische Geschichte der menschlichen Vorzüge und Fehler ist lang und reicht weit zurück. Daß der Weg bis zum homo sapiens überhaupt eingeschlagen werden konnte, ist schwerlich denkbar ohne eine immer wieder wirkmächtige relative Dominanz der Vorzüge gegenüber den Fehlern. Eine Vermutung, die der Gehirnphysiologe und Nobelpreisträger John C. Eccles vor allem im Hinblick auf die Entwicklung des Neokortex, der Großhirnrinde, bestätigt sieht. Er definiert diese Dominanz der Vorteile als »quantenartige Fortschritte« in der Evolutionslinie der Hominidenevolution. Eine Evolution, die darauf beruht, daß sehr kleine und isolierte Gruppen von Lebewesen während der Evolution auf unserem Planeten »einen anderen Weg eingeschlagen haben als der Hauptgenbestand«. Ein Weg, der begleitet ist von dem einzigartigen und nie wiederholbaren »Zufall«, daß die Hominidenevolution insgesamt über Millionen von Jahren auf einer winzigen Population beruhte, die ständig von Ausrottung bedroht war. Eine Wiederholung der Hominidenevolution auf unserem Planeten hält Eccles daher für unmöglich.

Als Betriebsgeheimnis dieser Hominidenentwicklung erscheint bei Eccles eine Art wohlwollendes Langzeitgedächtnis der Evolution für einmal erreichte Vorteile. Vorteile, die, wie Eccles es formuliert, dem Prinzip einer »konservativen Klugheit« folgen, die daran erkennbar sei, daß bei der Entwicklung der Primaten die Evolution, trotz scheinbar attraktiver Kurzzeitvorteile, niemals bereits erreichte grundlegende Vorteile der Entwicklung preisgegeben habe.

So sei zum Beispiel der für den Menschen höchst bedeutsame Vorteil der fünf frei beweglichen Finger nie aufgegeben worden zugunsten von Pfoten, Hufen oder Flügeln. Der Evolution gelang es im Falle der Hominiden, im Einklang mit der neuronalen Entwicklung, die bereits mit Fingern ausgestatteten Gliedmaßen früher Wirbeltiere in die Hände und Füße des homo sapiens zu transformieren. Mit dem Ergebnis einerseits der bipeden Möglichkeit aufrechten Stehens, Gehens und Reagierens, und andererseits der manuellen Geschicklichkeit in Gestalt der verfeinerten Hand mit ihrem Präzisionsgriff für den frühen Werkzeuggebrauch bis hin zur prähistorischen Höhlenmalerei.

Aber nicht alle frühen Vorteile der Hominidenevolution haben sich langfristig als solche erwiesen. Eine Erkenntnis, die sich verbindet mit der noch jungen Disziplin der Evolutionären Medizin, der »New Science of Darwinian Medicine«, die inzwischen eine Reihe wissenschaftlich gestützter Vermutungen über evolutionshistorisch erworbene Vorteile präsentiert, in deren Schatten heute Nachteile erkennbar werden. Und zwar unter anderem in Gestalt (noch) unheilbarer Krankheiten. Genannt sei hier die naheliegende Vermutung, daß sich im Prozeß der Evolution des Menschen vor allem die reproduktive Fitness als dominanter Vorteil entwickelt habe. Gegenüber dem Hauptziel der Optimierung des Vermehrungserfolges hatten Aspekte der Gesundheit und krankheitsfreier Langlebigkeit nachrangige evolutionäre Bedeutung. Deshalb könnten sich Vorzüge von Genen für die Reproduktion in der nachfolgenden Lebensphase, gleichsam post festum, als »Fehler« erweisen und zwar in Form schwerwiegender Krankheitssymptome. Der Wissenschaftshistoriker Ernst Peter Fischer nennt hierfür Beispiele. So hat Harnsäure im Blut den großen Vorteil, sogenannte Radikale, toxische Stoffe zu eliminieren, die mit der Nahrungsaufnahme unvermeidlich in den Körper gelangen und ohne die Abwehrfunktion der Harnsäure das Zellgewebe zerstören würden. Ein reproduktiver Fitnessvorteil, der sich bei manchen Menschen mit dem »Fehler« verbindet, daß Harnsäure bei der Reaktion gegen Radikale überdosiert wird. Ein Mehr an Harnsäure aber hat Gicht zur Folge durch Ablagerung von Harnsäurekristallen in den Gliedern.

Eine ähnliche Dialektik von genetischen Vorzügen und Fehlern spielt möglicherweise auch eine Rolle bei der Alzheimer-Krankheit. Es wird zumindest vermutet, daß beim Morbus Alzheimer eine genetische Kausalität besteht zwischen den Vorteilen der entwicklungsbiologisch jüngsten Areale des Gehirns und dem Nachteil, daß die Alzheimer-Demenz vor allem diesen Teil des Gehirns schädigt. Das ist der Teil des Gehirns, der den betroffenen Personen früher im Leben vielleicht auf Grund stärker vernetzter Neuronen (mit entsprechenden Genen) den Vorteil besonders guter Intelligenzleistungen ermöglicht hat.

Offenbar kennt die Evolution aber auch Prozesse im Sinne einer Balance von Vorzügen und Fehlern. Eine Balance, die von der evolutionären Medizin vor allem bei Abwehrmechanismen des menschlichen Körpers gegen Bakterien und Viren vermutet wird. So verfügt der Mensch zum Beispiel gegen Tuberkulosebakterien, die zum Überleben Eisen benötigen, über den in der Evolution erworbenen Abwehrvorteil der Appetitlosigkeit gegenüber Nahrungsmitteln mit hohem Eisengehalt. Ein ähnlicher in der Evolution erworbener Abwehrvorteil wird bei der durch Stigella-Bakterien verursachten Diarrhöe vermutet. Mit der Besonderheit, daß der menschliche Körper sogar in der Lage ist, diese Bakterien wesentlich rascher und effektiver selber zu bekämpfen als die dagegen entwickelten Medikamente.

Bei den während der Evolution erworbenen Abwehrmechanismen haben sich inzwischen auch in einem Fall Anhaltspunkte für die genetische Komponente ergeben, die diesen Abwehrmechanismus kontrolliert und ermöglicht. Es handelt sich um das für die Mukoviszidose beziehungsweise die zystische Fibrose zuständige Gen. Bei dieser unter Europäern häufigsten Erbkrankheit besitzt offenbar die medizinisch relevante Variante des Mukoviszidose-Gens den entwicklungsbiologisch gewonnenen Vorteil, daß zumindest im Kindesalter der Tod durch Diarrhöe weniger häufig eintritt. Inzwischen ist bekannt, daß dieses Gen bis ins jugendliche Alter auch gegen Asthma schützt. Diese Dialektik von Vorteil und Fehler ist allerdings nur bei einer besonderen genetischen Disposition gegeben: sogenannte rezessive schädliche Gene in einfacher Gestalt ermöglichen die genannten Vorteile in der Jugend und verursachen später den Nachteil der Krankheit. Eine genetische Disposition, die Ernst Peter Fischer so erläutert: »Bekanntlich tragen wir zwei Kopien eines Gens – zwei sogenannte Allele – in unseren Zellen, und es wird immer deutlicher, daß Gene, die zu Krankheiten bei einem Menschen führen, der zwei ungeeignete Varianten geerbt hat, dann von der Evolution weitergegeben wurden, wenn die Träger nur einer ungeeigneten Variante Vorteile hatten. Die wenigen homozygoten (mit gleichartiger väterlicher wie mütterlicher Erbanlage versehenen) Patienten sind also der Preis, den die Natur zahlt, um viele heterozygote Menschen besser auszustatten, auf daß sie in einer feindlichen Umgebung überleben und Nachkommen zeugen können.« Dieselbe genetische Disposition wird auch bei der Sichelzellenanämie vermutet. Auch hier steht der Nachteil der Erkrankung in Relation mit einem Vorteil. Denn die Träger des rezessiven schädlichen Gens in der einfachen Form sind relativ resistent gegen Malaria.

Sogar bei Krebserkrankungen vermutet die evolutionäre Medizin, daß die evolutionär erworbene Ambivalenz von Vorzügen und Fehlern eine wichtige Rolle spielt. Als das zur Zeit beste Beispiel für die Wirkmächtigkeit dieser Ambivalenz nennt Fischer die Krebserkrankungen der weiblichen Reproduktionsorgane. Der »Fehler« der Erkrankung sei auch hier das Ergebnis eines entwicklungsbiologischen Vorzugs. Dies lasse sich zumindest vermuten auf Grund der besonders häufigen Tumorerkrankungen bei Frauen in entwickelten Industrieländern. Bedeutsam sei vor allem die Zahl der Menstruationszyklen im Laufe des Lebens einer Frau: »Die in dieser Hinsicht am stärksten gefährdete Person ist demnach eine in die Jahre gekommene Frau, die sehr früh ihre erste Periode bekommen hat, deren Wechseljahre erst spät eingesetzt haben und die keine oder nur wenige Kinder zur Welt gebracht hat.« Die Vermutung liege jedenfalls nahe, daß diese Konstellation erheblich abweicht vom reproduktiven Muster von Frauen in jener frühen Phase der Evolution, die für die Selektion der Gene entscheidend wurde. Geht man davon aus, daß zum Beispiel in der Steinzeit Frauen relativ spät geschlechtsreif wurden und bei niedriger Lebenserwartung zahlreiche Schwangerschaften mit über Jahre reichenden Stillzeiten hatten, so gelangt man zu einer Zahl von Menstruationszyklen, die im Vergleich zur Anzahl der Zyklen von Frauen in hochentwickelten Industrienationen wahrscheinlich zwei- bis dreimal so klein war. Ein Sachverhalt, der zur naheliegenden Hypothese einlädt, daß der evolutionshistorische Vorteil der Zellvermehrung in den reproduktiven Organen mit dem Nachteil gekoppelt ist, daß offenbar der (gleichzeitig von Hormonen kontrollierte und gesteuerte) Selektionsmechanismus fehlt, um diese Zellvermehrung zur falschen Zeit zu verhindern.

Daß die in der biologischen Evolution früh erworbenen

Vorteile heute zu Fehlern mutieren angesichts völlig neuer, durch die kulturelle Evolution entwickelter Rahmenbedingungen, wird besonders deutlich an Beispielen des modernen Ernährungsverhaltens. Es gehört bereits zum ernährungswissenschaftlichen Credo, daß ganz offensichtlich das Routinemuster der Ernährung in hochentwickelten Industrienationen als Fehler gedeutet werden muß. Denn die alten Muster unseres Ernährungsverhaltens in der Frühphase der Hominidenevolution sind genetisch unverändert wirksam. In archaischer Zeit war es nämlich notwendig, lebenswichtige Stoffe wie Zucker, Fett und Salz im Körper zu horten für lange Perioden des Mangels und als Energiereservoir für die Strapazen der Nahrungssuche. Eine Notwendigkeit, die verständlicherweise in hochentwickelten Industrienationen entfällt. Die Folge ist, daß bei regelmäßigem Genuß dieser Nahrungsmittel und gleichzeitigem Bewegungsmangel gravierende Erkrankungen entstehen. Der einstige Vorzug ist zum Fehler, zum Fehlverhalten mutiert.

Mann und Frau –
alte und künftige Fehler und Vorzüge?

Die Summe der entwicklungsbiologisch erworbenen Fehler und Vorzüge des Menschen ist Legion. Ähnlich unübersehbar und verwirrend vielfältig ist das in der kulturellen Evolution entstandene Tableau der religiösen, philosophischen, künstlerischen und wissenschaftlichen Betrachtungsweisen und Einschätzungen dieser Fehler und Vorzüge. Man denke nur, um ein Beispiel aus der Literatur zu nennen, an Franz Kafka und die Einschätzung des jungen Kaufmanns Georg Bendemann durch seinen Vater in der 1912 entstandenen Erzählung *Das Urteil*. Der Vater, der Georg zum Ertrinken verurteilt, begründet seinen Richtspruch doppeldeutig: »Ein Engel bist du, aber noch eigentlicher bist du ein teuflischer Mensch.« Ähnlich ambivalent fiel Rilkes Antwort aus, als er von einem Psychoanalytiker angesprochen wurde, er könne ihm auf der Couch seine Teufel nehmen. Rilke erwiderte hierauf: »Vielleicht, aber ebenso meine Engel.«

Die Überraschung war groß, als sich vor wenigen Jahren der Lehrstuhlinhaber für Genetik des Galton Laboratory am University College London, Steve Jones, mit Hinweisen zu Wort meldete, die man auch deuten könnte als wissenschaftliche Erklärung der evolutionären Entstehung oben erwähnter Teufel (und Engel) im Manne. Die Rede ist vom mannspezifischen Y-Chromosom, das den Mann angeblich als defizitäre Form der Frau mit Neigung zur Selbstzerstörung erscheinen läßt. Jones begleitete diese Nachricht mit dem Hinweis, der größte Feind des Mannes sei nicht die Frau, sondern er selbst. Jedenfalls werde das Leben in der Gesellschaft von morgen für Frauen leichter zu meistern sein als für Männer, denn die Menschheit stehe bereits am Beginn eines neuen, eines weiblichen Zeitalters. Jones definierte nämlich das männliche Hormon Testosteron als »Wegweiser ins Vergessen« der männlichen Spezies. Denn schon jede einzelne Todesursache – mit Ausnahme der Alzheimerschen Krankheit – schlage bei Männern stärker zu Buche. Und für Jungen mit vier Jahren bestehe bereits ein doppelt so hohes Risiko, eines gewaltsamen Todes zu sterben, wie für Mädchen. Als Beweis für die dominante Fehlerhaftigkeit des Mannes könne schließlich auf ein unrühmliches amerikanisches Experiment der dreißiger Jahre des 20. Jahrhunderts verwiesen werden. Viele junge Männer seien damals wegen leichter geistiger Behinderung oder kleinkrimineller Delikte kastriert worden. Im Durchschnitt lebten diese Männer dreizehn Jahre länger als ihre unverstümmelten Altersgenossen.

Eine wenig schmeichelhafte männliche Fehlerhaftigkeit, für die jenes Y-Chromosom verantwortlich zu machen sei, das vor etwa einem Jahrhundert ausgerechnet von einer Frau entdeckt worden ist. Seit der – 2003 endgültig abgeschlossenen – Entzifferung des X-Chromosoms, das bei Frauen in doppelter Ausfertigung und bei Männern neben einem Y-Chromosom im Zellkern zu finden ist, wird vermutet, daß sich vor etwa 300 Millionen Jahren das X- und das Y-Chromosom aus einem gemeinsamen Vorläufer entwickelt haben. Seit dieser Geburtsstunde der Geschlechts-Chromosomen habe sich jedoch das männliche Y-Chromosom fehlerhaft entwickelt: Es schrumpfte im Laufe der Evolution auf ein Drittel der Größe des X-Chromosoms, das fast 2000 Gene trägt. Das Y-Chromosom verfüge demgegenüber über die dramatisch niedrige Zahl von angeblich nur 786 Genen. Darunter aber jenes sehr kleine

Gen, das sogenannte SRY-Gen, das den Mann zum Manne macht, dem Embryo zur Männlichkeit verhilft. Umgekehrt macht die Abwesenheit dieses Gens die Frau zur Frau. Hinzu kommt, daß die Aktivierungsmuster der Gene auf den beiden X-Chromosomen der Frau besonders lebhaft sind. Bei Frauen werden mindestens 150 Gene deutlich stärker aktiviert, und zwar auf beiden X-Chromosomen.

Überraschend für die Wissenschaftler war jedoch, daß aus eben diesem Aktivierungsmuster der Gene des X-Chromosoms die eigentliche Ambivalenz der Fehler und Vorzüge des Mannes resultiert. Der Mann hat nämlich den Vorteil, daß immerhin rund zehn Prozent der aktiven Gene des X-Chromosoms nur bei ihm eine Rolle spielen und in den Zellen der Hoden abgelesen werden. Die Vermutung liegt also nahe, daß sich auf dem X-Chromosom besonders leicht die Gene etabliert haben, die sich während der Evolution als vorteilhaft für den Mann erwiesen haben.

Andererseits wurde dieser Vorteil des Mannes bislang auch als sein Nachteil gedeutet. Da der Mann – im Gegensatz zur Frau – nur ein Exemplar des X-Chromosoms besitzt, ist er auch fehler-anfälliger als die Frau. Das heißt, es treffen ihn ungeschützt die Folgen von Gendefekten des Y-Chromosoms. Denn – so lautet die Begründung – das Y-Chromosom besitzt kein Partner-Chromosom, das bei der Bildung der Keimzellen Fehler im genetischen Bauplan ausgleichen oder korrigieren könnte. Als Beispiel wurden die Bluterkrankheit, aber auch geistige Entwicklungsstörungen genannt. Der britische Genetiker Bryan Sykes hatte aus dieser Fehlerhypothese über das Y-Chromosom die hoch spekulative, aber medienwirksame These entwickelt, daß der Mann als genetisches Auslaufmodell zu betrachten sei mit einer ihm bewilligten Restlaufzeit von etwa 150 000 Jahren. Also keine Zukunft mehr für Adam mit seinem Chromosom als »genetischer Ruine«! Und das zu Recht – habe der Mann doch, getrieben vom Y-Chromosom, durch Gewalt und Aggression über Jahrtausende die Menschheit und den Planeten an den Rand des Ruins getrieben. Die Frau ihrerseits könne dem genetischen Untergang des Mannes durchaus gelassen entgegenblicken. Habe sie doch die Genetik, die Mittel und Wege finden werde, um eine Fortpflanzung ohne den Mann zu entwickeln.

Ein düsteres Szenario mit unsicherer Zukunft für den fehlerhaften Mann im Gegensatz zur wesentlich heitereren Perspektive der Frau mit ihrer Dominanz genetischer Vorteile. Doch inzwischen ist Hoffnung angesagt auch für das männliche Geschlecht. Denn neuere molekularbiologische Forschungsergebnisse können mit der guten Nachricht aufwarten, daß das Y-Chromosom dreißig weitere Gene besitze und durchaus in der Lage sei, selber etwaige Mutationsschäden zu beheben. Ein beträchtliches Teil des Genmaterials sei – so die Vermutung – vom X-Chromosom in das Y-Chromosom eingewandert, seit sich vor etwa sieben Millionen Jahren die Menschen von den Schimpansen evolutionär getrennt haben. Das wohl überraschendste Ergebnis dieser neueren Forschungen am Y-Chromosom aber ist das entdeckte Werkstattgeheimnis jenes Mechanismus, mit dem das Y-Chromosom ohne Hilfe eines Partner-Chromosoms Mutationsschäden zu reparieren vermag. Das Y-Chromosom verfügt nämlich in sich über mehrere große genetische Spiegelbilder, sogenannte Palindrome. Diese Palindrome erlauben es, daß im Y-Chromosom mutierte Gene ihre Fehler ausbessern können, indem sie sich korrigierend in ihrem fehlerfreien Spiegelbild »betrachten«.

Ein auffällig narzißtisch autistisches Verfahren der Spiegelbetrachtung. Mit dem Vorteil allerdings, daß Fehler, wenn sie im Spiegel bemerkt werden, dann auch Reparaturmechanismen aktivieren. Dennoch hat Steve Jones dieser genetischen Virtuosität des Y-Chromosoms ein schlechtes Horoskop erstellt. Er vermutet, daß das Y-Chromosom irgendwann aufgrund seines Narziß-Defekts untergehen müsse. Eine Spekulation, die er ergänzt mit einer weiteren Spekulation, daß nämlich in weniger als zehn Millionen Jahren möglicherweise die männliche Genmaschine eine ganz neue Richtung einschlagen könnte. Dann würde sich das, was wir heute Mann nennen, grundlegend verändern.

Womit höchst spekulativ die Aussicht in die Zukunft der Fehler und Vorzüge des Menschen eröffnet wäre. Gibt es jene evolutionäre Zukunft, über die sich Goethe bereits 1828 geäußert hat: »Die Entwicklung der Menschheit, sagte ich (Eckermann), scheint auf Jahrtausende angelegt. – Wer weiß, erwiderte Goethe, vielleicht auf Millionen!« Goethe hat dieses Evolutionsgespräch allerdings mit einer düsteren Vermutung beendet: »Ich sehe die Zeit kommen, wo Gott keine Freude mehr an ihr (der Menschheit) hat und er abermals alles zusammenschlagen muß zu einer verjüngten Schöpfung.«

Daß der Mensch mit einer evolutionären Zukunft rechnen darf, gehört heute zum gesicherten Credo der Lebenswissenschaften. Wenn auch mit noch ungewissen Perspektiven, was die Frage der weiteren Entwicklung der bereits evolutionär erworbenen Fehler und Vorzüge des Menschen angeht. Zu den Ergebnissen der Genforschung zählt jedenfalls die Tatsache, daß die Mutationsrate der Gene bei Männern besonders hoch ist. Ernst Peter Fischer hat auf die dadurch gegebene Ambivalenz von Fehlern und Vorzügen für die zukünftige evolutionäre Entwicklung hingewiesen. Denn man könne diese hohe Mutationsrate durchaus positiv oder negativ werten. Der Mann könne einerseits betrachtet werden als Garant für das Mutationspotential der künftigen Evolution. Andererseits eröffne die hohe Mutationsrate die Möglichkeit, daß sich mehr Anfälligkeiten für Krankheiten in die Gene einschleichen. Während der Evolution der Hominiden sei es immerhin Bakterien gelungen, sich zahlreich in den Menschen einzuschleichen. Mit dem Resultat, daß mehr als 200 Gene im humanen Genom direkt von Bakterien übernommen wurden. Ein erfolgreicher Vorgang, allerdings mit dem Nachteil, daß hierbei auch ein Gen entstanden ist, das zu einer genetisch bedingten Form von Depression beiträgt.

Immerhin ist Vorsicht bei Prognosen zum weiteren Gang der Evolution geboten, was die Fragen der Fehler und Vorzüge des Menschen angeht. Sicher ist, daß die Natur unser Prinzip der Null-Fehler-Kultur nicht kennt. Ergebnisse der Genforschung bestätigen vielmehr, daß wir bei der Zellteilung und der Verdopplung der Erbanlage des Genoms mit einem Fehler pro einer Milliarde (10^9) Bausteine rechnen müssen. Daraus folgt, daß bei jeder Zellteilung etwa zwölf Fehler entstehen. Eine Fehlerkonstante, die ihrerseits zu betrachten ist vor dem Hintergrund der Tatsache, daß etwa 10^{14} Zellteilungen erfolgen müssen im Zeitraum von der Entwicklung der Zygote bis zur Entstehung eines ganzen Menschen. Allein von der Zygote bis zur reifen Eizelle sind vierundzwanzig Zellteilungen notwendig. Auf Grund der genannten Fehlerkonstante entstehen bereits ca. 288 fehlerhafte Bausteine, und die Ablesefehler bei der Verdoppelung des Genoms von Zellteilung zu Zellteilung finden nach dem Gesetz des Zufalls statt. Die Natur verfährt also nicht zielgerichtet. Das aber heißt, der Mensch und damit auch die Zukunft seiner Fehler und Vorzüge sind nicht genomisch determiniert.

Vom Nutzen und Nachteil der Fehler
in der Historie

Donnerstag, 6. März 1828: Der »Kanzler« (der Kronjurist von Sachsen-Weimar-Eisenach) Friedrich von Müller, besucht Goethe und notiert: »Wie ein Gewitter bei heiterem Himmel suchte er sich seiner Kraftfülle durch geistige Blitze und Donnerschläge zu entledigen ... Ich bin nicht so alt geworden, um mich um die Weltgeschichte zu kümmern, die das Absurdeste ist, was es gibt ...« Ist die »Weltgeschichte« wirklich »das Absurdeste, was es gibt«? Lassen sich im historischen Lagerhaus der menschlichen Irrtümer und Fehler, der »Torheiten und Schlechtigkeiten«, die Goethe hierin erblickte, nicht auch Vorzüge entdecken? Vorzüge, aus denen sich Positives, Belehrendes ableiten ließe für die Bewältigung von Gegenwart und Zukunft? Es ist vor allem Schiller, der – ganz anders als Goethe – diese letztgenannte Frage in seiner Jenaer Antrittsvorlesung von 1789 mit dem Titel *Was heißt und zu welchem Ende studiert man Universalgeschichte?* optimistisch beantwortet hat. Mit einem Konzept der Universalgeschichte, das alle Irrtümer und Fehler der Menschen kurzerhand zu deuten versucht als eine konsequente Fortschrittsgeschichte der menschlichen Zivilisation, als eine Geschichte, die der Erfüllung des menschlichen Gattungszwecks zustrebt. Selbst der biblische Sündenfall erscheint ihm als »die glücklichste und größte Begebenheit der Menschheitsgeschichte«. Der sündige Fehler wird als Vorzug verstanden, nämlich als »Übergang des Menschen zur Freiheit und Humanität«, als Aufbruch des Menschen »zu einem Paradies der Erkenntnis und der Freiheit«. Es ist für ihn ein Paradies, in dem der Mensch »dem moralischen Gesetze in seiner Brust ebenso unwandelbar gehorchen würde, als er anfangs dem Instinkte gedient hatte«. Der biblische Fehler des Sündenfalls des Menschen also als »erste Äußerung seiner Selbsttätigkeit, als erstes Wagestück seiner Vernunft, als erster Anfang seines moralischen Daseins« und beginnender Aufstieg »zur Selbstherrschaft«.

Erst der Fall ermöglicht den Aufstieg, erst das Schuldigwerden ermöglicht die Geburt der Moralität, und erst die Auflehnung ermöglicht die Freiheit des Menschen. Schiller leugnet nicht, daß die Historie auch in der Folgezeit den Menschen in unzählige Irrtümer und Fehler, in »einen langen lasterreichen, noch jetzt nicht geendigten Kampf« verwickelt habe. Aber diese Irrtümer und Fehler seien als Vorzüge des Menschen zu verstehen, denn »in diesem Kampf allein konnte er seine Vernunft und Sittlichkeit ausbilden«. Und sogar die »Entstehung des ersten Königs« durch Gewalt und Usurpation habe den Vorzug, daß hiermit »Ordnung« aus der »Unordnung« entstanden sei. Schillers Dialektik der Historie des Fehlers als Entwicklungsgeschichte menschlicher Vorteile gipfelt denn auch in der Feststellung: »Unser menschliches Jahrhundert herbeizuführen haben sich – ohne es zu wissen oder zu erzielen – alle vorhergehenden Zeitalter angestrengt.« Wohlgemerkt, »ohne es zu ... erzielen«. Das heißt, die Universalgeschichte wird hier nicht etwa als Anhäufung eines anwendbaren und zu beherzigenden Handlungswissens im Sinne einer »historia magistra vitae« verstanden. Denn die Vorstellung der Geschichte als Lehrmeisterin des Lebens, als eines Lernens aus Irrtümern und Fehlern, ist für Schiller durchaus unvereinbar mit der Idee der Freiheit und der Selbstbildung des Menschen, der zu eigenen Entscheidungen und Handlungen befähigt ist. Eine Entscheidungs- und Handlungsfreiheit, die schon Lichtenberg ironisch kommentiert hat mit den Worten: »Ist es nicht sonderbar, daß die Menschen so gerne für die Religion fechten, und so ungerne nach ihren Vorschriften leben?«

Nach welchen »Vorschriften« aber leben sie denn eigentlich, die Menschen? Nach welchen »Vorschriften« verfahren sie vor allem beim Umgang mit der Geschichte, deren Fortschreiten in Irrtümern und Fehlern Schiller so überaus positiv als Erfolgsgeschichte verstanden hat? Folgte auch er jenem Mechanismus der wohlwollenden Interpretation der Fehler ex post, der als Motto über zahllosen Memoiren stehen könnte: Je länger ich lebe, desto besser bin ich gewesen? Inzwischen ist dieser Mechanismus der wohlwollenden Interpretation unserer Fehler wissenschaftlich erhellt worden durch neurobiologische Forschungsergebnisse. An der Stanford-Universität konnte zum ersten Mal gezeigt werden, wie das Gehirn bei Verdrängungen à la Freud die Weichen stellt. Das selektive Vergessen der eigenen Irrtümer und Fehler im Interesse einer Deutung seiner Biographie als Erfolgsgeschichte gelingt dem Menschen, indem er die Aktivität jener Instanz dämpft, die für den Prozeß des Bewußtwerdens, das heißt also auch unter anderem des Bewußtwerdens der Irrtümer und Fehler verantwortlich ist: die Gehirnregion des Hippocampus. Die Verdrängung der unerwünschten Erinnerung an Defizite gelingt durch einen gesteigerten Erregungszustand der beiden Seiten des Vorderhirns, des sogenannten präfrontalen Cortex.

Ein Mechanismus, der durchaus auch geeignet erscheint, den Begriff der Geschichtsvergessenheit zu erhellen: jenes Defizit gesellschaftskritischer Intelligenz und Erinnerungsfähigkeit, das ganze Nationen immer wieder in die Versuchung führt, die eigenen Irrtümer und Fehler aus dem kollektiven Langzeitgedächtnis zu verdrängen im Interesse einer nationalen Identität und Geschichtsschreibung ex positivo. In seinem Eröffnungsvortrag anläßlich des 43.

Deutschen Historikertags über Nutzen und Vorteil der Hirnforschung für die Geschichtswissenschaft hat Wolf Singer auf weitere Aspekte dieser selektiven Wahrnehmungs- und Erinnerungsfähigkeit hingewiesen. Bei allen höherentwickelten Gehirnen sei ein Mechanismus zur Steigerung der sogenannten »selektiven Aufmerksamkeit« erkennbar. Ein Mechanismus der Wahrnehmung, bei dem sowohl absichtsvolle wie unbewußte Faktoren zusammenwirken. Für das Überleben von Organismen sei dieser Mechanismus zwar wichtig, »aber für die Zuverlässigkeit von menschenvermittelten historischen Quellen« hat er mitunter katastrophale Folgen: Sowohl die Primärwahrnehmung als auch die Erinnerung sei gekennzeichnet von Deformationsprozessen mit unvermeidlichen Fehlern beim Rekonstruktionsprozeß des Erinnerns.

Die Geschichtsschreibung ex positivo ist also nicht nur ein Prozeß des Verdrängens und Nichtwahrnehmens der Irrtümer und Fehler, sondern zugleich auch ein Prozeß, der durch unvermeidliche neurologisch bedingte Fehler gekennzeichnet ist. Hinzu kommt, daß das Erinnern immer auch einhergeht mit einem Prozeß des Um- und Neueinschreibens der ursprünglichen Erinnerung. Mit naheliegenden erheblichen Konsequenzen nicht nur für die Frage der Authentizität, sondern auch der Erinnerungen an Irrtümer und Fehler. Durch den Prozeß der Um- und Neueinschreibungen werden diese Erinnerungen immer wieder neu aktualisiert, überformt und für die Bewältigung der Gegenwart neu interpretiert und bewertet.

Für die Erforschung der Geschichte bedeutet dies, daß nicht nur die Taten, sondern auch die erfundenen »Geschichten« der Menschen die Summe dessen bilden, was sich der Gegenwart jeweils als Geschichte präsentiert. Für die Geschichte der Irrtümer und Fehler ließe sich hieraus folgern, daß die Kunst, Fehler zu machen, nicht zuletzt auch eine Kunst der Geschichtsschreibung ist. Das heißt, es gibt keine objektive Außenperspektive, keinen idealen Beobachter und Bewerter, der in der Lage wäre, die tatsächliche Historie der Irrtümer und Fehler zu rekonstruieren. Goethe hat diesen Sachverhalt im *Faust* lakonisch beschrieben mit dem Hinweis, daß das, was man den »Geist der Zeiten« nennt, nichts anderes sei als der »Herren eigener Geist / In dem die Zeiten sich bespiegeln«. Und er hat, wie schon berichtet, im Hinblick auf Hegels Dialektik auf den Mechanismus einer Umwertung aller Fehler in Vorzüge und aller Vorzüge in Fehler hingewiesen. Eckermann berichtet, daß Hegel im Gespräch mit Goethe die Möglichkeit, »das Wahre für falsch und das Falsche für wahr« zu erklären, durchaus bejaht habe. Dies könne aber nur bei geistig kranken Menschen geschehen. Worauf Goethe auf das Studium der Natur hingewiesen habe als probates Heilmittel für »dialektische Kranke«. Die historische Bestätigung der dialektischen Irrtums- und Fehlerbefürchtungen Goethes ist hinlänglich bekannt. Sie erfolgte im 19. und 20. Jahrhundert in Gestalt des dialektischen Materialismus und des Ideologieexports in der Person Lenins während des Ersten Weltkriegs, sowie des späteren Reimports nach Deutschland als real existierender Sozialismus. Immerhin verbunden mit beharrlichem Festhalten über ein halbes Jahrhundert an einem dialektisch als Vorzug interpretierten Fehler.

Diese Tugend des Festhaltens war schon Gustav Stresemann aufgefallen. War er doch der Meinung, die Deutschen hätten eine besondere Neigung, nicht nur um ihr tägliches Brot, sondern auch um ihre tägliche Illusion zu beten. Bekannt geworden sind auch Nietzsches Versuche einer Umwertung aller Werte alter Fehler in neue Vorzüge. Er hat zum Beispiel Irrtum in Gestalt einer religiösen Illusion durchaus als einen Vorteil des Menschen betrachtet. Und zwar mit dem modernen Argument: »Nehmen wir an, die historische Untersuchung vermöchte ... die Wahrheit zu erreichen, z. B. in Betreff des Christentums: dann hätte sie jedenfalls den *Wahn* zerstört, der um alles Lebendige und Thätige, wie eine Atmosphaere, sich breitet ... Man hätte durch die Beseitigung des Wahns, z. B. in Betreff der Religion, die Religiosität bei sich selbst, d. h. die productive Stimmung, zerstört und hätte ein kaltes leeres Wissen, nebst dem Gefühle der Enttäuschung in den Händen zurückbehalten.«

»Gefühle der Enttäuschung« hat Nietzsche aber vor allem verbreitet über die von Schiller gerühmten Errungenschaften der Universalgeschichte. Die nach Schillers Überzeugung erreichten Vorzüge in Gestalt von Freiheit, Humanität und Menschenwürde hat er kurzerhand umgewertet als problematische Phänomene einer Universalgeschichte der Irrtümer. In der *Fröhlichen Wissenschaft* begründet er diese Umwertung mit den Worten: »Der Mensch ist durch seine Irrtümer erzogen worden: Er sah sich erstens immer nur unvollständig, zweitens legte er sich erdichtete Eigenschaften bei, drittens fühlte er sich in einer falschen Rangordnung zu Tier und Natur, viertens erfand er immer neue Gütertafeln und nahm sie eine Zeitlang als ewig und unbedingt, so daß bald dieser, bald jener menschliche Trieb und Zustand an der ersten Stelle stand und infolge dieser Schätzung veredelt wurde. Rechnet man die Wirkung dieser vier Irrtümer weg, so hat man auch Humanität, Menschlichkeit und Menschenwürde hinweggerechnet.«

Kein Wunder, daß Nietzsche auch die Freiheit als das höchste Gut der Schillerschen Universalgeschichte zu diesen Irrtümern rechnet. In *Menschliches Allzumenschliches* heißt es: »Ohne die Irrtümer, welche bei jeder seelischen

Lust und Unlust tätig sind, würde niemals ein Menschentum entstanden sein – dessen Grundempfindung ist und bleibt, daß der Mensch der Freie in der Welt der Unfreiheit sei, der ewige *Wundertänzer*, ... das Wesen, das seine Geschichte *Weltgeschichte* nennt – Vanitas vanitatum homo.«

Eitelkeit der Eitelkeiten des Menschen also als Quintessenz der Universalgeschichte der Irrtümer. Aber selbst Nietzsche erblickt im Irrtum einen entscheidenden Vorteil des Menschen. Er räumt ein: »Der Irrtum hat aus Tieren Menschen gemacht ...« Womit er allerdings auch die Frage verbindet, ob die »Wahrheit imstande sei, aus dem Menschen wieder ein Tier zu machen«. Ein besonders produktiver Irrtum, der aus Tieren Menschen gemacht habe, sei die Moral: »Ohne die Irrtümer, welche in den Annahmen der Moral liegen, wäre der Mensch Tier geblieben.« Oder anders ausgedrückt, auch für Nietzsche sind Moral und Sittlichkeit Kräfte im Dienste der Triebmodellierung, der Entbarbarisierung und Entwicklung einer zweiten Natur. Davon zu trennen sei allerdings die Aufgabe der Selbstaufklärung des Menschen über seine Irrtümer und Illusionen in der Universalgeschichte seiner moralischen Empfindungen. Das heißt, die moralische Empfindung befand sich für Nietzsche in der Geschichte der Menschheit immer dann im (vermeidbaren) Irrtum, wenn sie sich als Auskunftsorgan der Wahrheit über die eigentliche Bestimmung des Menschen verstand. Das Paradoxon dieses Irrtums ist die Tatsache, daß dieses Selbstmißverständnis andererseits die notwendige Illusions-Bedingung ist für die Vorzüge der kulturellen Evolution. Entscheidend für Nietzsche aber ist es, daß die Kultur sich selbst über das Paradoxon dieses Irrtums aufkläre und von alter metaphysischer und religiöser Schicksalsgläubigkeit Abschied nehmen müsse.

Sollte der Menschheit diese Selbstaufklärung gelingen, so wäre nach Ansicht Nietzsches sogar das Tor geöffnet für einen aus der Überwindung des alten Irrtums resultierenden neuen Vorteil. Ein Vorteil in Gestalt einer neuen, anzustrebenden Etappe der Universalgeschichte. Eine Etappe, in der das vielzitierte moderne Gespenst des »clash of civilization« gebannt wäre. Der Mensch könne nämlich dann, wie Nietzsche hofft, »ökumenische, die ganze Erde umspannende Ziele« setzen im Sinne einer »bewußten Gesamtregierung«. Die Überwindung aller religiösen Differenzen durch »eine alle bisherigen Grade übersteigende Kenntnis der Bedingungen der Cultur als wissenschaftlicher Maßstab für ökumenische Ziele«.

Ein globales Konzept einer zukünftigen Universalgeschichte, die Nietzsche offenbar verstand als Abschied von der überlieferten Kirche, als Abschied von einem Christentum, dem er vorwirft, daß die Christen, wenn sie denn wirklich Christen wären, eigentlich »erlöster aussehen« müßten. Abschied aber auch von dem in Schillers Universalgeschichte noch institutionalisierten »Sündenfall« als Bedingung für den Aufstieg des Menschen zur Freiheit. Diesen Abschied begründete Nietzsche im *Antichrist* vor allem mit dem Hinweis auf die wahre Psychologie des Evangeliums, die gerade nicht von der Sünde als einem ewig zu bestrafenden Fehler des Menschen ausgehe. Denn: »In der ganzen Psychologie des ›Evangeliums‹ fehlt der Begriff Schuld und Strafe, insgleichen der Begriff Lohn. Die ›Sünde‹, jedwedes Distanzverhältnis zwischen Gott und Mensch ist abgeschafft – *eben das ist die »Frohe Botschaft«.* Die Seligkeit wird nicht verheißen, sie wird nicht an Bedingungen geknüpft: Sie ist die *einzige* Realität – der Rest ist Zeichen, um von ihr zu reden ... Der tiefe Instinkt dafür, wie man leben müsse, um sich wie ›im Himmel‹ zu fühlen, ... dies allein ist die psychologische

Realität der ›Erlösung‹. – Ein neuer Wandel, *nicht* ein neuer Glaube ...«

Die Universalgeschichte also als »Erlösung« von allen Irrtümern, als Freispruch von Sünde, Schuld und Strafe. Eine Irrtums- und Fehlerabsolution, die bei Nietzsche ihre Begründung findet in der Deutung Christi als »freier Geist«, das heißt, als ein über alle Irrtümer der Universalgeschichte des Menschen erhabener Geist mit Aussicht auf eine künftige Fehlerfreiheit für alle, die sich in diesem Sinne als »freie Geister« erweisen und bewähren würden. Die rigorose Erläuterung dieses irrtumsfreien Geistes bei Nietzsche lautet jedenfalls: »Man könnte, mit einiger Toleranz im Ausdruck, Jesus einen ›freien Geist‹ nennen – er macht sich aus allem Festen nichts: Das Wort *tötet,* alles, was fest ist, *tötet.* Die Erfahrung des ›Lebens‹, wie er sie kennt, widerstrebt bei ihm jeder Art Wort, Formel, Gesetz, Glaube, Dogma. Er redet bloß vom Innersten: ›Leben‹ oder ›Wahrheit‹ oder ›Licht‹ ist sein Wort für das Innerste – alles Übrige, die ganze Realität, die ganze Natur, die Sprache selbst, hat für ihn bloß den Wert eines Zeichens, eines Gleichnisses. ... Eine solche Symbolik par excellence steht außerhalb aller Religion, aller Kulturbegriffe, aller Historie, aller Naturwissenschaft, aller Welterfahrung, aller Kenntnisse, aller Politik, aller Psychologie, aller Bücher, aller Kunst – sein ›Wissen‹ ist eben die *reine Torheit* darüber, daß es etwas dergleichen gibt. Die *Kultur* ist ihm nicht einmal vom Hörensagen bekannt, er hat keinen Kampf gegen sie nötig – er verneint sie nicht ... Dasselbe gilt vom *Staat,* von der ganzen bürgerlichen Ordnung und Gesellschaft, von der *Arbeit,* vom Krieg – er hat nie einen Grund gehabt, ›die Welt‹ zu verneinen, er hat den kirchlichen Begriff ›Welt‹ nie geahnt ... Das *Verneinen* ist eben das ihm ganz Unmögliche.«

Amnesie

oder

Die Kunst, Fehler zu verneinen

Die notorische Begründung für die Notwendigkeit des Nichtverdrängens, des Nichtvergessens kapitaler Fehler lautet: »Wer die Geschichte vergißt, ist verpflichtet, sie zu wiederholen.« Dem ist mit Blick auf die Geschichte der Menschheit entgegnet worden, daß das Erinnern kapitaler Fehler keineswegs deren Wiederholung verhindert habe. Im Gegenteil, nicht selten seien Folgeverbrechen überhaupt erst durch das Erinnern alter Untaten ermöglicht und legitimiert worden. Hinzu kommt, daß sich ein selektives Gedächtnis in Gestalt von Verdrängen selbst verursachten Leids zugunsten eines lebhaften Erinnerns erlittenen eigenen Leids als besonders fatal erwiesen hat. Über den Mechanismus dieses Verdrängens eigener Fehler hat bereits Nietzsche in der *Genealogie der Moral* reflektiert: Das Gewissen sage: »Das habe ich getan.« Der Stolz aber erwidere: »Das habe ich nicht getan.« Da der Stolz aber hartnäckig bleibe, gebe das Gewissen schließlich nach. Gegenüber dieser bekannten Fehlervergeßlichkeit hat Kierkegaard die Notwendigkeit des Erinnerns damit begründet, daß das Leben zwar nach vorwärts gelebt, aber nur nach rückwärts verstanden werde. Eine Einsicht, an die auch das russische Sprichwort erinnert: »Wer die Vergangenheit erinnert, verliert ein Auge. Wer die Vergangenheit vergißt, verliert beide Augen.«

Gleichwohl hat man sich schon früh im Laufe der europäischen Geschichte in jener Kunst einer gewollten Fehlerverneinung geübt, die unter dem Namen *Amnesie* bekannt geworden ist. Dieses aus dem Griechischen stammende Wort bedeutet nichts anderes als das Gebot des *Nichterin-*

nerns. Ein Gebot, das in Griechenland bereits im vierten vorchristlichen Jahrhundert auftaucht als kollektiver Versuch, das aus mythischer Vorzeit angehäufte und erinnerte unheilvolle Fehlerkonto aus Leid, Haß und Schuld endlich zu vergessen, um auf diese Weise den Frieden für die Gegenwart und Zukunft zu sichern. Der österreichische Philosoph Rudolf Burger hat dieses Durchbrechen des mythischen Erinnerns zugunsten einer Friedensstrategie kollektiven Fehlervergessens als eine »zivilisatorische Leistung ersten Ranges« bezeichnet. Eine Leistung, die vor dem Hintergrund einer von Karl Marx formulierten Einsicht gelesen werden kann, nämlich daß in jeder Kultur »die Tradition aller toten Geschlechter wie ein Alp auf dem Gehirn der lebenden« laste. Die Amnesie als ein Akt der Befreiung von diesem als neurotische Bedrohung empfundenen Alp. Vor allem aber stand die Amnesie im Dienste einer Friedensstrategie, die sich verstand als kollektives Bemühen um das Vergessen alter begangener und erlittener Fehler zur Sicherung von Gegenwart und Zukunft vor Bürgerkriegen und weiteren Kriegshandlungen.

Burger nennt hierfür Beispiele. Die Attische Amnesie hat 403 v. Chr. einen Bürgerkrieg beendet. Auch Cicero hat zwei Tage nach Caesars Ermordung im römischen Senat eine Amnesierede gehalten, um einen Bürgerkrieg zu verhindern. Sein Plädoyer für das Fehlervergessen lautete: »Alte Erinnerungen an die mörderischen Zwistigkeiten sind durch ewiges Vergessen zu tilgen.« Ähnlich argumentierte Heinrich IV. im Edikt von Nantes. Und die Fehleramnesie für die Untaten des Dreißigjährigen Krieges lautete im Westfälischen Frieden: »Beiderseits soll das ewig vergessen und vergeben, alle Beleidigungen, Gewalttätigkeiten, Schäden und Untaten derart gänzlich abgetan sein, daß alles in ewiger Vergessenheit begraben sei.« Noch Ludwig XVIII.

untersagte per Gesetz das Erinnern an den Terror der Revolution und schloß in das Nichterinnern sogar die Königsmörder, die Mörder seines Bruders ein, »um die Kette der Zeiten neu zu knüpfen«.

Es wäre freilich ein Zeichen von Vergeßlichkeit, wenn man es bei diesen Beispielen beließe und damit die Hoffnung verbinden würde, daß es stets gelungen sei, »die Kette der Zeiten neu zu knüpfen« im Zeichen eines friedenssichernden Fehlervergessens. Wie verfehlt ein Optimismus dieser Art wäre, läßt sich bereits mit dem Blick auf die neuere deutsche Geschichte belegen. Schon die Friedensverträge von 1919 verbieten angesichts des durch technischen Fortschritt ermöglichten gigantischen Fehlverhaltens während des Ersten Weltkrieges jeden Amnesiegedanken. Die Siegermächte wiesen ausdrücklich jede Entschuldigung für die Ereignisse von 1914-18 zurück. Man müsse überhaupt, wie Burger feststellt, davon ausgehen, daß die gesamte europäische Zivilisationsgeschichte leider weitgehend beherrscht sei von der fatalen Maxime des »Niemals vergessen«. Und zwar nicht etwa als Mahnung, sich der alten Fehler zu erinnern, um ihre Wiederholung zu vermeiden. Die Maxime sei vielmehr immer wieder verstanden worden »als militante Kollektivverpflichtung, unter günstigeren Bedingungen wieder zu mobilisieren«.

Dieses »Nichtvergessen« könnte man daher auch interpretieren als eine der geheim-offenbaren Ursachen für jene bereits erwähnte Überzeugung Goethes, die Geschichte sei nichts anderes als eine ständige Wiederholung von »Torheiten und Schlechtigkeiten«. Was diesen Prozeß betrifft, fordert Max Horkheimer in seinem Essay *Bewältigung der Vergangenheit* aus dem Jahr 1967 eine historisch-kritische Aufklärung über die Geschichte insgesamt, also auch über jene Geschichte, die weit über das Hitlerreich hinausgehe.

Horkheimer begründet diese Aufforderung mit den Worten: »Herrschte spätestens im 19. Jahrhundert relative Zivilisation, so bezeugte der Weltlauf, von den Anfängen über die Greueltaten der Bibel, die Sklavenhalter im antiken Griechenland und Rom, über Kreuzzüge und Inquisition, den blutigen Absolutismus in England und Frankreich, die stets vorhandene Bereitschaft zur Barbarei. Bei den gigantischen Schreckenstaten des Islams, ferner der Ausrottung der Indianer, der europäischen Gewaltherrschaft in den Kolonien, den Endlösungen Stalins und seinesgleichen pflegt in Geschichtsstunden noch seltener verweilt zu werden als beim Terrorismus in Europa selbst.«

Eine besonders eindrucksvolle Summation der fatalen Fehlergeschichte des »Nichtvergessens« findet sich bei Paul Valéry in einem Text *Über Geschichte* aus dem Jahr 1927. Im Rückblick vor allem auf den Ersten Weltkrieg lautet Valérys Fazit: »Die Geschichte ist das gefährlichste Elaborat, das die Chemie des Intellekts produziert hat. Seine Eigenschaften sind allbekannt. Es bringt Völker ins Träumen, versetzt sie in Rausch, gaukelt ihnen eine Vergangenheit vor, übersteigert ihre Reflexe, hält ihre alten Wunden am Schwären, stört sie in ihrer Ruhe auf, treibt sie zu Größenwahn oder auch zu Verfolgungswahn und macht, daß die Nationen verbittert, auftrumpfend, unausstehlich und eitel werden. Die Geschichte rechtfertigt, was immer man will. Sie lehrt schlechterdings nichts, denn es gibt nichts, was sich mit ihr nicht belegen ließe. Was wurden nicht schon Bücher geschrieben mit dem Titel: ›Die Lehren aus dem und dem ...‹! Nichts lachhafter, als im nachhinein von Ereignissen zu lesen, die auf Ereignisse folgen mußten, die von diesen Büchern im Sinne des Zukünftigen gedeutet wurden ... Nichts wurde mehr durch den letzten Krieg zerstört als der Anspruch auf Voraussage und Warnung. Aber die historischen Kenntnisse waren doch vorhanden, oder?« Valéry erwähnt ihn ausdrücklich, den Quellgrund der Wiederholung alter Fehler. Es ist das »Elaborat« der Geschichte, das »die alten Wunden am Schwären hält«. Eine Einsicht, die auch Alexis de Tocqueville formuliert hat. In seinen *Souvenirs*, den Aufzeichnungen über die Revolution von 1848, findet sich der prophetische Satz für die Geschichte des 20. Jahrhunderts: »Ich habe immer beobachtet, daß man in der Politik häufig untergeht, weil man ein gutes Gedächtnis hat.«

Womit sich die Frage stellt, ob Tocqueville für die aus europäischem Fehlverhalten abgeleitete Diagnose eines zu guten Fehlergedächtnisses auch Gültigkeit beanspruchen kann bei der Betrachtung der Geschichte nichteuropäischer Nationen. Wenn Nietzsche in der *Genealogie der Moral* das Verhältnis von Gläubiger und Schuldner als entscheidend ansieht für das Erinnern und Vergessen von Schuld(en) und Fehlern (der Gläubiger erinnert sich, der Schuldner neigt zum Vergessen), so muß diese Analyse zumindest relativiert werden für ein Land wie Japan. Es war die amerikanische Kulturwissenschaftlerin und Japanologin Ruth Benedict, die in ihrem Essay *The Chrysanthemum and the Sword* darauf aufmerksam gemacht hat, daß das in Europa vor allem durch das Christentum entwickelte Bewußtsein und Verständnis von Schuld in Japan mit erheblichen Schwierigkeiten der Akzeptanz und des Verstehens rechnen müsse. Japan habe statt dessen eine Kultur der Scham entwickelt. An Stelle des westlichen Individuums als Referenzadresse für die Verantwortung von Fehlern erscheine in Japan die Gemeinschaft als einzige Bezugsgröße für die Beurteilung des Fehlverhaltens einzelner ihrer Mitglieder. Hier ergibt sich eine entscheidende Differenz bei der Fehlerbetrachtung. Während im Westen der einzelne zuständig ist für die Verantwortung und damit auch für die »Bewältigung« von Fehlern, relativiert sich dieses Problem in Japan erheblich: Fehler eines Menschen können behoben werden durch ein sozial konformes Korrekturverhalten gegenüber der Gemeinschaft. Das Gemeinschaftsmitglied ist damit entlastet, und der Fehler wird vergessen.

Damit aber erhält auch die Geschichte ein anderes Gesicht. Die Geschichte, die Valéry als das »gefährliche Elaborat« bezeichnet hat, das »alte Wunden am Schwären« hält, wird in Japan bedeutungslos als Reservoir immer wieder zu erinnernder Fehler, die im christlichen Verständnis sogar den Charakter einer Urschuld mit Aussicht auf ein Jüngstes Gericht gewinnen können. Denn anders als die Individual- und Streitkultur westlicher Prägung wird eine Gemeinschaft der Schamkultur eher dazu neigen, sich im Interesse der Wiederherstellung von Harmonie und Konsens selber von Fehlern zu entlasten, um nicht die Bewältigung der Gegenwart durch das permanente Erinnern alter Fehler zu erschweren. Eine bewußte Begünstigung der Gegenwart zu Lasten erinnerter Vergangenheit, die auch der Gegenwartsbegünstigung der japanischen Sprache entspricht. Sie ist stark präsentisch orientiert und kennt nur ein relativ schwach entwickeltes Praeteritum. Ein langes, in die Vergangenheit zurückweisendes Fehlergedächtnis »verbietet« sich schon aus Gründen der Grammatik als unüblich. Eine Fehlerbewältigungsstrategie, die im übrigen in Japan bis zum Ende des 19. Jahrhunderts auch kennzeichnend ist für den Umgang mit Geschichte. Mit jedem neuen Herrscher begann die Geschichte neu im Sinne einer neuen Zeitrechnung und einer neuen positiven Herrschaftsdevise. Im Falle gravierender Fehler während der Regierungszeit bestand sogar jederzeit die Möglichkeit, die alte Devise zugunsten einer neuen, günstigeren ad acta zu legen. Die alten Fehler galten damit als aufgehoben im Interesse einer Erneuerung

69

von Harmonie und Konsens. Ein Tabula-rasa-Verfahren im Umgang mit alten Fehlern, das verständlicherweise in der Moderne bei kapitalen Fehlern mit grenzüberschreitenden Folgen wie im Zweiten Weltkrieg durchaus nicht immer bei anderen Nationen auf Verständnis stoßen kann. So verwies denn zum Beispiel die offizielle Begründung Chinas bei der Ablehnung des G-4-Vorschlags zur UN-Reform im Jahr 2005 ausdrücklich auf diesen für China nicht akzeptablen Umgang Japans mit Fehlern der Kriegsvergangenheit. Ein Land, das seine Kriegsverbrechen leugne oder schöne und zur Entschuldigung nicht bereit sei, dürfe keinen Platz im UN-Sicherheitsrat haben.

Strafrecht und Hirnforschung
oder
Das Ende der Fehlerverantwortung

Die von Ruth Benedict für Japan diagnostizierte Schamkultur hat freilich auch Japan nicht daran gehindert, das
im Westen entwickelte strafrechtliche Schuldprinzip im 19.
Jahrhundert im Zuge der Öffnung Japans gegenüber dem
Westen zu rezipieren. Japan übernahm damit auch das in
der Individualkultur des Westens entwickelte Prinzip der
Verantwortung des einzelnen für Fehler mit Deliktcharak-
ter. Wobei der im deutschen Strafrecht verankerte Grund-
satz der Schuldtheorie davon ausgeht, daß der Vorsatz nicht
das Unrechtsbewußtsein umfassen muß. Es genügt vielmehr
für den Begriff der Schuld ein potentielles Unrechtsbewußtsein. Mit dem Ergebnis, daß sogar der Irrtum über das Ver-
botene einer Handlung oder eine Unterlassung im Sinne
eines fehlenden Unrechtsbewußtseins nicht zum Ausschluß
der Strafbarkeit führt. Der Irrtum führt vielmehr nur zur
Strafmilderung. Es sei denn, der Irrtum war unvermeidbar.
Die Frage aber, wann ein Irrtum unvermeidbar war und
welche Arten von Irrtümern dabei eine Rolle spielen, hat
im Westen im Laufe der Zeit zur Entwicklung einer höchst
differenzierten Irrtumslehre geführt, deren Einzelheiten
hier nicht detailliert dargestellt werden sollen. Entscheidend
ist, daß bei jedem strafrechtlich relevanten Fehlverhalten
grundsätzlich vom Begriff der Willensfreiheit ausgegangen
wird. Das heißt, Absicht und Vorsatz bis zur bewußten
Fahrlässigkeit als Willensverhalten im weitesten Sinne bestimmen letztlich die Vorwerfbarkeit eines Delikts.

Ausgerechnet dieses bewußte Willensverhalten, die Willensfreiheit als Voraussetzung für eine Fehlerverantwortung

des Individuums, ist inzwischen von der Hirnforschung in Zweifel gezogen worden. Hatte Goethe also recht, als er in *Dichtung und Wahrheit* zum bereits erwähnten Fazit gelangte: »Das Wort Freiheit klingt so schön, daß man es nicht entbehren könnte, auch wenn es einen Irrtum bezeichnete«? Bezeichnet das Wort Freiheit wirklich mehr Dichtung als Wahrheit? Machen wir möglicherweise einen höchst fehlerhaften Gebrauch von der sogenannten Freiheit? Das heißt, sind wir nur frei, um unsere Fehler geltend zu machen, wie Goethe in *Maximen und Reflexionen* formuliert: »Alle Menschen, wie sie zur Freiheit gelangen, machen ihre Fehler geltend: Die Starken das Übertreiben, die Schwachen das Vernachlässigen.«? Und gehört zu diesem fehlerhaften Umgang mit der Freiheit auch der Fehler, den Goethe in den *Leiden des jungen Werthers* beschreibt: »Die meisten verarbeiten den größten Teil der Zeit, um zu leben, und das bißchen, das ihnen von Freiheit übrig bleibt, ängstigt sie so, daß sie alle Mittel aufsuchen, um's los zu werden. O Bestimmung des Menschen!«?

Die Zweifel der Hirnforschung gegenüber dem sogenannten freien Willen hat Wolf Singer mit dem Hinweis erklärt, daß bei der wissenschaftlichen Suche nach neuronalen Grundlagen psychischer Phänomene keinerlei Phänomene wie Finalität, also absichtsvolles Handeln im Sinne eines freien Willens, erkennbar geworden seien. Das heißt, für die aus der Ich-Perspektive durch subjektives Erleben durchaus erfahrbare soziokulturelle Realität der Willensfreiheit gibt es keine naturwissenschaftliche Beschreibungsweise. Daraus sei zu schließen, daß es sich beim sogenannten freien Willen offenbar um eine »Theorie des Geistes« handele, um ein wichtiges kulturelles Konstrukt, aus dem sich soziale und erfahrbare Realität entwickelt haben. Im Gehirn dagegen verlaufen alle Prozesse »deterministisch«. Ursache für die je folgende Handlung ist der unmittelbar vorangehende Gesamtzustand des Gehirns.

Für den Hirnforscher folge aus dieser Erkenntnis allerdings nicht, daß sich etwa unser Strafvollzug ändern müsse. Entscheidend sei, daß wir durch Einsicht in die neurobiologische Bedingtheit unseres Verhaltens gegenüber anderen – auch gegenüber Menschen, die wir heute als »kriminell« bezeichneten – ein wenig toleranter, nachsichtiger und verständnisvoller werden könnten. Das aber könnte auch bedeuten, daß die Ergebnisse der Hirnforschung Einsichten jener bereits erwähnten Fehlerkunst Goethes bestätigen könnten:

> Fehlst du; laß dichs's nicht betrüben:
> Denn der Mangel führt zum Lieben;
> Kannst dich nicht vom Fehl befrei'n;
> Wirst du Andern gern verzeih'n.

Hinzu kommt, daß die Hirnforschung bei der Frage der Willensfreiheit mit einem »Problem« arbeitet, das Wolf Singer ausdrücklich benennt. Einerseits verfahre der Naturwissenschaftler bei der Beschreibung des Forschungsobjektes so, daß der Untersuchungsgegenstand und der Untersuchende nicht identisch seien. Andererseits untersuche sich der Forscher bei der Suche nach neuronalen Grundlagen des freien Willens im Gehirn jedoch selbst (unter anderem durch Aufnahmen neuronaler Aktivitäten im Bildgebungsverfahren durch den Kernspintomographen). Untersuchungsgegenstand und Untersuchender sind identisch. Als Forscher findet der Hirnforscher keine Bestätigung jenes Phänomens, das für ihn als individuelles Ich den Charakter faßbarer Realität hat.

Das hier geschilderte »Problem« erinnert an jene Beobachtung Goethes, die er im Hinblick auf die damalige

»neuere Physik« in *Maximen und Reflexionen* beschrieben hat. Er weist nämlich darauf hin, »daß man die Experimente gleichsam vom Menschen abgesondert hat und bloß in dem, was ... Instrumente zeigen, die Natur erkennen, ja, was sie leisten kann, dadurch beschränken und beweisen will.« Womit sich die Frage stellt, ob die »Natur« im Falle der Willensfreiheit möglicherweise doch etwas »leisten kann«, was sich anhand von Instrumenten nicht nachweisen läßt. Wobei mit dem Begriff des »Nachweisens« auch zugleich jener Aspekt der Sprache mitbedacht werden müßte, den schon Niels Bohr im Hinblick auf die Physik formuliert hat: »Es ist falsch zu denken, es wäre Aufgabe der Physik herauszufinden, wie die Natur beschaffen ist. Aufgabe der Physik ist vielmehr herauszufinden, was wir über die Natur sagen können.«

Über die »Natur« der Willensfreiheit können wir jedenfalls weiterhin sagen, daß es sich hierbei um eine zumindest außerordentlich wirkmächtige soziale Tatsache handelt. Eine Tatsache, die vor allem von jenem Schuldbegriff und damit auch von jener Vorstellung einer individuellen Fehlerverantwortung geprägt ist, die sich als Zentrum christlicher Ethik entwickelt hat und seit Jahrhunderten als soziokulturelles Selbstverständnis empfunden wird. Weshalb denn auch besonders lebhafter Widerspruch von Juristen artikuliert wird gegen die eventuellen Konsequenzen der Ergebnisse der Hirnforschung zur Willensfreiheit für das geltende Strafrecht. Man räumt zwar ein, daß der Hirnforschung das Verdienst zukommen könnte, Material für neue Entschuldigungs- oder Schuldmilderungsgründe zu entwickeln. Es bestehe aber die Gefahr einer allgemeinen Nivellierung des tradierten Prinzips der Fehlerverantwortung im Sinne subjektiver Zurechnung. Auch könne mit Argumenten der Hirnforschung möglicherweise eine gefährliche Ausdehnung der seit einem halben Jahrhundert rückläufigen Sicherheitsverwahrung begründet werden. Abgesehen von dem intellektuellen Problem, daß etwaige Reformen im Interesse moderner Hirnforschung sich den Vorwurf gefallen lassen müßten, daß das Argument jener generellen Determination, das für die kriminellen Täter gelten soll, dann auch für alle Personen, die für eine derartige Justizreform und Rechtsprechung wären, gegen sich selbst gelten müßte.

Zudem hat die Neurowissenschaft gleichsam hinter dem Rücken der Fehlerverantwortung inzwischen ein neues Phänomen entdeckt, das sich als eine archaische Form des Lustgewinns durch Fehlerbestrafung bei anderen definieren ließe. Die Rede ist von jenem angeblich schon bei höheren Primaten feststellbaren Bedürfnis, andere bei Fehlverhalten nicht ungeschoren davonkommen zu lassen. Eine inzwischen als »altruistic punishment« bekannt gewordene Verhaltensdisposition, die auch dem Menschen eigen sei und ihn zu Sanktionen motiviere. Zu den 2004 in der Zeitschrift *Science* veröffentlichten Forschungsergebnissen über diese Verhaltensdisposition gehört auch die evolutionsbiologische Vermutung, daß es sich bei dem Vergnügen, andere für Verletzungen sozialer Normen zu bestrafen, um einen früh erworbenen Reflex handele. Ein Reflex, der als Vorteil anzusehen sei, da die durch Sanktionen erzwungene Einhaltung von Mindeststandards des Sozial- und Kooperationsverhaltens die Überlebenschancen der Hominiden optimiert habe. Das alte Sprichwort »Rache ist süß« habe also einen neurobiologischen Ursprung. Das neurowissenschaftliche Bildgebungsverfahren zeige jedenfalls in den genannten Fällen eine deutliche Aktivierung des sogenannten Corpus striatum (das Hirnareal des Streifenhügels) in den basalen Stammganglien des Gehirns, die offenbar Empfindungen einer Befriedigung hervorruft bei erfolgreicher Bestrafung anderer Personen auf Grund sozialen Fehlverhaltens.

Als eine besonders sublimierte Form des »altruistic punishment« in hochentwickelten Zivilisationsgesellschaften hat Lichtenberg die Rezensionstätigkeit verstanden. Zur altruistischen Bestrafung literarischen Fehlverhaltens findet man bei ihm jedenfalls den sorgfältig differenzierenden Aphorismus: »Ich sehe die Rezensionen als eine Art von Kinderkrankheiten an, die die neugeborenen Bücher mehr oder weniger befällt. Man hat Exempel, daß die gesündesten daran sterben und die schwächlichen oft durchkommen. Manche bekommen sie gar nicht. Man hat häufig versucht, ihnen durch Amulette von Vorrede und Dedikation vorzubeugen oder sie gar durch eigene Urteile zu inokulieren, es hilft aber nicht immer.«

Mandeville

oder

Die ökonomischen Vorteile privater Fehler

13. Februar 1814: Der Weimarer Hofbibliothekar und Gymnasialprofessor Friedrich Wilhelm Riemer notiert aus einem Gespräch mit Goethe einen irritierenden Satz über menschliche Fehler: »Wir sind nicht glücklich durch unsere Tugenden, sondern durch unsere Fehler und Schwachheiten. Wer da meint, daß er durch die Erfüllung einer Tugend glücklich sei, irrt sich. Es ist die Eitelkeit, die ihm noch beiwohnt, eine solche Tugend auszuüben: Sie muß sich von selbst verstehen.«

Auf den hier postulierten Zusammenhang zwischen »unseren Fehlern und Schwachheiten« und unserem Glücklichsein hatte 100 Jahre vorher schon der in London wohnende niederländische Arzt für Nerven- und Magenleiden, Bernard de Mandeville aufmerksam gemacht. Er hatte allerdings unser sehr konkretes ökonomisches Glücklichsein ins Auge gefaßt. Und in seiner anonym erschienenen *Bienenfabel* über private Laster und öffentliche Vorteile hat er am Beispiel eines Bienenstockes, der ihm als Metapher für England diente, in Versform die auffällige Verschränkung von Reichtum und dem Fehler der Lasterhaftigkeit in ein und derselben Gesellschaft beschrieben. Unter Hinweis auf fleißige Bienen und faule Drohnen hebt er vor allem die Laster der Reichen hervor. Er zeigt, wie sie dem Luxus frönen und die Armen für sich arbeiten lassen. Advokaten erscheinen hier als Rechtsverdreher, Ärzte als kalte Profiteure und Politiker als Schwindler und »Nebengeld-Jäger«. Angesichts dieser eklatanten Fehler, getragen von Neid und Eitelkeit, Mode, Gier und Verschwendung, beschließt diese lasterhafte Ge-

77

sellschaft bei Mandeville eines Tages, sich künftig zu ändern. Man befleißigt sich ab sofort und rigoros der in Vergessenheit geratenen Tugenden der Genügsamkeit, Rechtschaffenheit und Sparsamkeit. Mit überraschendem Ergebnis: Die Gesellschaft verarmt, der Handel klagt über die rapide sinkende Nachfrage, die in Mißkredit geratenen Reichen wandern aus, und die Arbeiter folgen, da ihre von den Lastern der Reichen profitierenden Berufe über Nacht verschwinden. Und der Not gehorchend muß man schließlich bittere Eicheln essen.

Mandeville hatte also schon um 1700 entdeckt, daß wir vor allem dem Fehler relativer Unersättlichkeit den ökonomischen Vorteil steigender Nachfrage verdanken. Eine Einsicht, die auch 1936 entschiedene Zustimmung fand bei einem der berühmtesten Nationalökonomen der Moderne, John Maynard Keynes. Bereits vor ihm hatte kein Geringerer als Adam Smith die Grundsätze seiner volkswirtschaftlichen Theorie der »unsichtbaren Hand« bei Mandeville entdeckt. Denn was Mandeville in der *Bienenfabel* schildert, ist letztlich nichts anderes als eine Phänomenologie des Eigeninteresses der Individuen am Markt. Geräuschlos, ohne Planung, Vorschriften und Gebrauchsanweisung trägt dieser offenbar evolutionsbiologisch bedingte Reflex des einzelnen wesentlich bei zur Optimierung des gesellschaftlichen Wohlstandes. Spötter haben daher auch in diesem Sinne das berühmte Schiller-Zitat aus dem *Wilhelm Tell* »Der brave Mann denkt an sich selbst zuletzt« korrigiert durch eine (falsche) Komma-Setzung hinter dem Wörtchen »sich«.

Nur an sich selber zu denken aber ist in der Regel ein geläufiger, ja nahezu so selbstverständlicher Fehler, daß ihn kaum jemand bemerkt. Es ist zudem ein zumindest ökonomisch erfolgreicher Fehler. Das heißt, wir haben es hier mit einem Lebenssachverhalt zu tun, einer Kunst, Fehler zu machen, die mit gutem Grund das Wort einlöst: »Erfolg ist die Kunst, Fehler zu machen, die keiner merkt.« Ein entsprechender Vers dazu in Mandevilles *Bienenfabel* hat in der Geschichte der Nationalökönomie sogar Popularität erlangt: »Der Allerschlechteste sogar / Fürs Allgemeinwohl tätig war.«

Man hat es allerdings nicht beim »Allerschlechtesten« belassen. Denn den bei Mandeville noch als lasterhaft erscheinenden Fehler des schnöden eigensüchtigen Interesses hat Adam Smith als schottischer Moralphilosoph vorsorglich »rationalisiert«. Er hat es vorgezogen, den angeblich so lasterhaften Fehler euphemistisch umzutaufen in Selbstliebe. Damit hatte er erreicht, daß der alte Fehler nunmehr in Gestalt einer Tugend Auferstehung feiern durfte, ausgestattet mit zumindest einem zur Hälfte christlichen Gesicht. Und dies ganz im Geiste des Evangelien-Wortes: »Liebe deinen Nächsten wie dich selbst.« Was ja durchaus so verstanden werden könnte, daß die (angeblich fehlerhafte) Selbstliebe die Bedingung für die Sympathie der Fehler bei anderen ist. Adam Smith ist es jedenfalls gelungen, den alten Fehler des Egoismus umzudeuten zu jenem antiseptisch neutralen Terminus des Selbstinteresses der modernen Volkswirtschaftslehre.

Mit der überraschenden Wendung in der jüngsten deutschen Gegenwart, daß nunmehr die alten lasterhaften Fehler von Kapitalismuskritikern mit Hilfe der »Heuschrecken«-Metapher wieder beim Namen genannt und als wirtschaftliche Gier verteufelt wurden. Dabei besteht Gefahr, daß jener Gedanke aus dem Blick gerät, der sowohl bei Mandeville wie auch bei Adam Smith die Rolle des rettenden unparteiischen Korrektivs spielt: der Wettbewerb. Er ist ein Korrektiv ohne moralinsauren Beigeschmack, denn er regelt durch den Preismechanismus von Angebot und Nachfrage auf gleichsam mechanistisch-unpersönliche Weise die Eigentumsverhältnisse und läßt Wohlstand entstehen. Es sei denn, die Gesellschaft verfügt nicht über ein Regelwerk, das die Eigentumsrechte sichert und Privilegien verbietet, die jene Gier legitimieren, die dann als Exzeß des »vernünftigen« Fehlers des Eigeninteresses dessen hilfreiche Marktordnung empfindlich stören könnte. Allerdings könnte nur die Beachtung eines solchen Regelwerks hiervor schützen, nicht aber moralische Schelte. Eine Einsicht, der schon Mandeville in der *Bienenfabel* das Wort redet: »Mit Tugend bloß kommt man nicht weit.« Um für alle Realitätsverweigerer und Propheten einer Rückkehr goldener Zeiten warnend hinzuzufügen, man »sollte nicht vergessen: / Man mußte damals Eicheln essen«.

Mandevilles Aufforderung, den »natürlichen« Fehler des Eigeninteresses in Sachen Ökonomie nicht zu vernachlässigen, dürfte sich auch als hilfreich erweisen in Zeiten wachsender Arbeitslosigkeit. Zum »natürlichen« Fehler des Eigeninteresses zählt zunehmend bei Bewerbungen die Tendenz, die fehlerhaften Wege einer Biographie als Vorteil zu betrachten. Gemeint sind damit nicht deliktische Wege, wohl aber fehlerbedingte Umwege, die zur Selbsterfahrung führen, zur Fähigkeit, flexibel mit Niederlagen fertig zu werden. Fehlergestützte Reifungsprozesse, die es durchaus schwer haben in einer besonders lebhaft entwickelten Null-Fehler-Kultur. Aber der Blick auf andere Kulturen lehrt, daß man dort lässiger umgeht mit fehlerhaftem Hinfallen. Zur Kunst, Fehler zu machen, zählt dort vielmehr, ob man wieder aufgestanden ist. Stolpern hilft. Geschätzt wird die Kunst des Aufstehens. Der Fehler des Hinfallens gilt als menschliche Selbstverständlichkeit. In Unternehmen mit hoher Risikoscheu, mit ausgeprägter Phobie gegenüber jedem Scheitern wächst jedenfalls verständlicherweise auch die Neigung der Mitarbeiter, hohe Energieressourcen in die Vermeidung von Risiken zu investieren. Mit der Gefahr schwindender Offenheit und Flexibilität gegenüber neuen, noch unbekannten Entwicklungen. Womit das Wort Albert Einsteins bestätigt wäre: »Wer noch nie einen Fehler gemacht hat, hat sich noch nie an etwas Neuem versucht.«

Homunculus

oder

Die Zukunft der Null-Fehler-Kultur

Dieses Fazit »Wer noch nie einen Fehler gemacht hat, hat sich noch nie an etwas Neuem versucht« ist der bekannten Einsicht verschwistert, daß der Fortschritt sich letztlich unseren Irrtümern und Fehlern verdankt und daß stolpern hilft, wenn man nicht liegen bleibt. Zur Fehlerbedingtheit des Fortschritts gesellt sich andererseits seit spätestens Ende des 19. Jahrhunderts zunehmend das Bewußtsein eines durch den Fortschritt ermöglichten wachsenden Risikopotentials mit Zerstörungsmöglichkeiten tellurischen Ausmaßes. Bedenken dieser Art haben offenbar schon Alexander von Humboldt, den letzten Universalgelehrten Europas, beschlichen. Im zweiten Band seines *Kosmos*, dem 1845 begonnenen berühmten Alterswerk, findet sich jedenfalls schon der relativierende Satz: »Durch den Glanz neuer Entdeckungen angeregt, mit Hoffnungen genährt, deren Täuschung oft spät eintritt, wähnt jedes Zeitalter dem Kulminationspunkte im Erkennen und Verstehen der Natur nahe gelangt zu sein. Ich bezweifle, daß bei ernstem Nachdenken ein solcher Glaube den Genuß der Gegenwart wahrhaft erhöhe. ... Jedes Erforschte ist nur eine Stufe zu etwas Höherem in dem verhängnisvollen Laufe der Dinge.«

Zur Steuerung des »verhängnisvollen Laufes der Dinge« und seiner Schadensbegrenzung bedient sich die moderne Risikogesellschaft inzwischen des Prognoseinstruments der Technikfolgen-Abschätzung im weitesten Sinne des Wortes. Ein Verfahren, das sich aufdrängt bei der Überlegung, daß allein mit der Errichtung von Atomkraftwerken theoretisch die Verantwortung übernommen wird für eine Irrtums- und Fehlerfreiheit gegenüber jedem atomaren »fall-out« mit einer Halbwertszeit von etwa 900 000 Jahren. Mit wesentlich kürzeren Laufzeiten dürfen dagegen mögliche Fehler rechnen, die sich bei der Anwendung von Stammzellen in der sogenannten generativen Medizin ergeben könnten. Gemeint sind jene ersten Forscherschritte, über die südkoreanische Stammzellenforscher 2005 berichteten, wonach es gelingen könnte, daß menschliche Zellen aus einem bereits fortgeschrittenen Stadium zurückkehren in ein omnipotentes embryonales Stadium. Um dann, nach diesem molekularen Verjüngungsprozeß im Körper desselben Menschen, mit therapeutischer Zielsetzung neu aufzubrechen zu neuen Taten. Gelähmte könnten dank dieser Technik möglicherweise wieder gehen, Diabetes- und Parkinsonpatienten würden auf Heilung hoffen dürfen. Aber mit der Hoffnung auf Wunder biblischen Ausmaßes wächst auch das Fehlerrisiko. Die Furcht geht um unter den Forschern, daß die embryonale Potenz, wenn sie erst einmal erfolgreich implantiert ist, plötzlich »explodieren« und Tumore auslösen könnte. Könnte sich gerade die extreme Wandelbarkeit der Zellen am Ende als ein Fluch erweisen? Die Erprobung des Stammzellen-Wundermittels wird bereits in den USA geplant. Kalifornien könnte zum »Stem Cell State« werden mit dem geplanten *California Institute for Regenerative Medicine* in San Francisco, mit 50 Mitarbeitern und 300 Millionen Dollar Fördergeldern.

Ganz zu schweigen von noch gar nicht näher ins Auge gefaßten möglichen Fehlern, die sich mit den Hoffnungen der sogenannten evolutionären Biotechnologie eines fernen Tages ergeben könnten. Denn die Optimierung der Basismoleküle des Lebens (d. h. der Eigenschaften der sogenannten RNA-Moleküle) ist inzwischen keine Science-fiction mehr, sondern Realität. Dem Darwinschen Prinzip folgend können wir diesen Vorgang der Evolution selbst bestimmen durch die Erzeugung von Molekülen nach Maß. Sogar das Phänomen der Fehler ist hier in die biotechnologische Strategie einbezogen. Denn die Optimierung der Moleküle, die in Selektionszyklen mit jeweils mehreren Einzelschritten erfolgt, schließt auch die Mutation mit vorgebbarer Fehlerrate ein und gehört inzwischen für die Molekularbiologie zur Routine. Am Horizont der evolutionären Biotechnologie zeichnet sich damit die Möglichkeit ab, neue genetisch bestimmte Eigenschaften, zum Beispiel als Fitnessvorteil durch ein größeres Gehirn, mit Hilfe spezifischer Kombinationen vorhandener Genbereiche zu erzeugen.

Man vermutet jedenfalls, um beim Gehirn zu bleiben, daß die Evolution des menschlichen Gehirns zu einem wesentlichen Teil auf Genveränderungen in Regelbereichen des menschlichen Genoms beruht. Gene lenken letzten Endes, wie direkt oder indirekt auch immer, in wesentlichen Zügen die Ausbildung des neuronalen Netzwerkes. Warum sollte es also nicht möglich sein, die höheren, in der Evolution erreichten Fähigkeiten des menschlichen Gehirns weiter zu optimieren? Wobei man von der Hypothese ausgehen könnte, daß die höheren Fähigkeiten des Gehirns eingeleitet wurden durch seltene Neukombinationen vorhandener Genbereiche, denen sich dann viele weitere Schritte anschlossen. Warum sollte man zögern? Im Wege evolutionärer Biotechnologie ließen sich möglicherweise die erreichten Fähigkeiten durch gezielte Neukombinationen der vorhandenen Genbereiche des »antiquierten« menschlichen Gehirns optimieren. Durch Eingriff in den Genotyp des Gehirns ein neuer Phänotyp mit neuen Fitnessvorteilen? Aber mit welchen Fehler-Risiken müßte man rechnen angesichts einer immerhin schon vorhandenen Großhirnrinde, wo bereits etwa 10 000 Synapsen auf jede der 100 Milliarden Zellen münden?

Fragen, die als Vorwegnahme von Fehlerrisiken einer evolutionären Biotechnologie offenbar schon Fausts Famulus Wagner umgetrieben haben. Goethe hatte sich ja durchaus mit den frühen Ansätzen der Hirnforschung intensiv beschäftigt. Die von Gall entwickelte Phrenologie und Sömmerings Gehirnanatomie waren ihm vertraut. Auf Mephistos Nörgelei über die menschliche Ratio als neurologischen Schöpfungsdefekt wurde bereits hingewiesen. Warum also nicht bei nächster sich bietender Gelegenheit den Versuch wagen, endlich den ungeduldigen, zu Übereilungen der Ratio in Gestalt von Irrtum und Gewalt neigenden Menschen neurotechnisch zu optimieren? Im Sinne der Schöpfungsphantasien Wagners, der im 2. Akt des II. Teils der *Faust*-Tragödie bekanntlich nichts sehnlicher künstlich generieren möchte als ein »Hirn, das trefflich denken« soll.

Die nächste passende Gelegenheit, diese Schöpfungsphantasie metaphorisch zu verwirklichen, bot sich für Goethe 1828 durch die sensationelle Nachricht, daß es endlich gelungen war, im Wege der Wöhlerischen Harnstoffsynthese auf künstliche Weise aus anorganischen Stoffen organische Materie zu synthetisieren. Eine Nachricht, die sich für Goethe offenbar im Geiste »sehr ernster Scherze« bereits verschränkte mit der Vision einer künstlichen Optimierung des Menschen. Spätestens im Dezember 1829 hat Goethe dann diese Vision einer Optimierungs- und Verjüngungsepoche der Menschheit als literarische Fiktion selber in die Hand genommen: in Gestalt der Endfassung der Laboratoriumsszene im 2. Akt des II. Teils der *Faust*-Tragödie. Als Ergebnis dieses therapeutischen Optimierungsversuches des Menschen präsentiert sich hier die Gestalt des Homunculus.

Er ist zwar ein künstliches Produkt, aber zugleich ein nicht mehr verdüstertes Wesen. Denn er verfügt ja über eine Ratio, die ausdrücklich konzipiert ist als ein »Gehirn, das trefflich denken soll«. Oder, wie Goethe gegenüber Eckermann am 16.12.1829 erläutert, Homunculus sei ein »geistiges Wesen«, das den großen Vorzug habe, »durch eine vollkommene Menschwerdung noch nicht verdüstert und beschränkt« zu sein.

Es ist der bereits erwähnte, nunmehr zum Molekularbiologen, Neurowissenschaftler und Gentechniker avancierte Famulus Wagner, der sich in der Laboratoriumsszene mit Hilfe Mephistos die Optimierung des Gehirns zum Ziel gesetzt hat. Er verbindet mit diesem neuen Hirn sogar Vorstellungen von zusätzlichen Fähigkeiten, die eindeutig dem Hirn des »antiquierten« Menschen verschlossen sind. Nämlich eine ideale Verträglichkeit von »Leib und Seele« und eine Harmonie, die endlich zwischen »Mann und Frau« geschaffen werden soll. Es geht hier also offensichtlich um eine umfassende ganzheitliche Korrektur neurologischer Defekte des Menschen. Neurowissenschaftler könnten möglicherweise heute sogar jene Gehirnareale genau benennen, die dem Hirndesigner Wagner vielleicht besonders geeignet erscheinen dürften für eine derartige ganzheitliche Gehirnoptimierung. Eines der Optimierungsziele Wagners könnte zum Beispiel sein, die Dialogfähigkeit der bislang durch das *corpus callosum* verbundenen rechten und linken Gehirnhälften zu verbessern. Immerhin ist inzwischen erwiesen, daß sich das *corpus callosum* in jungen Jahren dann besonders lebhaft entwickelt, wenn die frühkindliche Hirnaktivität durch musische Tätigkeit begleitet wird, etwa durch Instrumentalunterricht. Aber auch hier müßte offen bleiben, ob eine so verbesserte Dialogfähigkeit zwischen den beiden Gehirnhälften bereits garantieren würde, daß Entwicklungen vermieden werden können, bei denen hohe Intelligenz mit sekundärer Dummheit gepaart ist. Entwicklungen, die ahnungslose Unheilstifter entstehen lassen könnten oder das, was Goethe als das »Schrecklichste« bezeichnet hat: »tätige Unwissenheit«.

Als ein Beispiel für das folgenschwere Irrtums- und Fehlerpotential ahnungsloser Unheilstifter sei hier an Wilhelm II. erinnert, dessen »tätige Unwissenheit«, gepaart mit sekundärer Dummheit und rascher Auffassungsgabe, Paul Klee in einer abgründig-ironischen Zeichnung festgehalten hat, die den Titel trägt: »Der große Kaiser reitet in den Krieg«.

Betrachtet man nun vor diesem Hintergrund Wagners Versuch der Hirnoptimierung im Lichte der zwei Meisterprüfungen, die sein Homunculus gleichsam ohne Vorbereitung ablegt, so muß man uneingeschränkt applaudieren. Denn Homunculus übertrifft bereits weit die Hirnleistung seiner beiden Schöpfer Wagner und Mephisto. Der »Kleine leuchtet« ihnen im wahrsten Sinne des Wortes »vor«. Und dies nicht nur bei der Entschlüsselung und Deutung der traumartigen Hirnaktivitäten Fausts, der ohnmächtig auf der, Sigmund Freud antizipierenden, Couch liegt. Das eigentliche Meisterstück seines optimierten Hirns liefert Homunculus dort, wo ihn der Weg aus dem Laboratorium hinausführt in die *Klassische Walpurgisnacht*. Denn Wagner und Mephisto haben bei der Optimierung des Gehirns jede Art von Technikfolgen-Abschätzung außer acht gelassen. Das naturwissenschaftliche Experiment ist nämlich nur halb geglückt. Das Ergebnis zeigt schwerwiegende Nebenschäden. Denn Homunculus ist ein fehlerhaftes Wesen, er ist nur halb zur Welt gekommen und bewegt sich bauchrednerisch in einer Phiole, die er außerdem »voll Ungeduld« entzweibrechen möchte. Homunculus erweist sich in Sa-

chen Ungeduld durchaus als das Produkt seiner beiden ungeduldigen »Väter«, Wagner und Mephisto. Wobei Mephisto seine Dienste der wissenschaftlichen Neugier-Ungeduld
Wagners angeboten hatte: »Ich bin der Mann, das Glück
ihm zu beschleunen.« Ein »Beschleunen« mit Fehlerfolge,
denn das Gehirn des Homunculus kann zwar schon »trefflich denken«, doch der zentrale neurologische Fehler der
Ratio, die Ungeduld, ist offenbar noch nicht behoben.

Das schwierige Kunststück der »Heilung« dieses Defekts
aber gelingt Homunculus. Um »im besten Sinne entstehen«
zu können, läßt Goethe den Homunculus die durch den
ungeduldigen Evolutionsbiologen Wagner nur halb ge-
glückte Optimierung seines Hirns vollenden durch einen
radikalen Prozeß der Entschleunigung. Als Ratgeber für
diese Heilung vom neurologischen Defekt der Ungeduld
fungieren jetzt allerdings nicht mehr Naturwissenschaft und
Technik, sondern die Geisteswissenschaften in der mytholo-
gischen Gestalt des Proteus und des vorsokratischen Philo-
sophen Thales. Das halb optimierte Hirn des Homunculus
zeigt bereits auf der Suche nach diesen Ratgebern eine
zusätzliche Begabung. Es verfügt über das, was der
ungeduldigen Ratio des Famulus Wagner offenbar nur
schwer zugänglich ist, nämlich Bildung in Gestalt gedächt-
nisgestützter Urteilskraft. Anders als seine eiligen und
zukunftsorientierten Produzenten, Wagner und Mephisto,
weiß Homunculus, daß das Leben zwar nach vorwärts
gelebt, aber nur nach rückwärts verstanden wird. Homunculus »leuchtet« hier also »vor« nach rückwärts. Denn er
alleine kennt Ort und Stunde der *Klassischen Walpurgisnacht*.
Er alleine findet den Weg zur vorsokratischen Weisheit. Er
alleine ist in der Lage, Zukunft mit Herkunft zu verschränken. Und er alleine ist im Eros-Fest der Galatee offen
gegenüber der Gegenwart, der einzigen Göttin, die Goethe

verehrte. Es ist eine Offenheit sowohl in Richtung Zukunft als auch in Richtung Vergangenheit. Homunculus geht beide Wege, indem er den Therapievorschlägen seiner antiken Ratgeber zur Überwindung des neurologischen Fehlers der Ungeduld folgt. An ihren Rat in Gestalt sehr ernster Scherze sei hier erinnert:

PROTEUS
...

> Das Erdetreiben, wie's auch sey,
> Ist immer doch nur Plackerey;
> Dem Leben frommt die Welle besser;
> Dich trägt ins ewige Gewässer
> Proteus-Delphin. (*er verwandelt sich*) Schon ist's getan!
> Da soll es dir zum schönsten glücken:
> Ich nehme dich auf meinen Rücken,
> Vermähle dich dem Ocean.

THALES

> Gieb nach dem löblichen Verlangen
> Von vorn die Schöpfung anzufangen,
> Zu raschem Wirken sey bereit!
> Da regst du dich nach ewigen Normen,
> Durch tausend, abertausend Formen,
> Und bis zum Menschen hast du Zeit.

> *(Homunculus besteigt den Proteus-Delphin)*

PROTEUS

> Komm geistig mit in feuchte Weite,
> Da lebst du gleich in Läng' und Breite,
> Beliebig regest du dich hier;
> Nur strebe nicht nach höheren Orden,
> Denn bist du erst ein Mensch geworden,
> Dann ist es völlig aus mit Dir.

Homunculus soll also auf jeden Fall vermeiden, auf seiner Reise in die evolutionäre Vergangenheit zurückzukehren in eine Zukunft, die sich erneut als »Sackgasse« erweisen könnte. Das heißt, er soll – nachdem er in die evolutionäre Vergangenheit zurückgekehrt ist – auf dem Weg in die Zukunft den »antiquierten« Menschen und dessen neurologischen Defekt der Ungeduld meiden. Er soll sich vielmehr vollständig entschleunigen. Er soll sich Zeit lassen bis zum »neuen« Menschen. Zunächst soll er den Weg zurück zum Anfang der Schöpfung antreten. Dies gelingt ihm auch. Während des Eros-Festes in den Buchten des Ägäischen Meeres läßt er seine Phiole am Muschelwagen der Galatee zerschellen. Begleitet von Meeresleuchten kann er nun die Reise der dreieinhalb Milliarden Jahre zurück zum Anfang des Lebens auf der Erde antreten.

Das heißt, mit den Gestalten des Homunculus und der Galatee empfiehlt Goethe hier als eine praktische Möglichkeit der Fehlerkorrektur der ungeduldigen Ratio vor allem das Erkenntnis- und Heilmittel der Liebe. Oder wie es am Schluß der *Klassischen Walpurgisnacht* heißt: » ... So herrsche denn Eros, der alles begonnen! ... Heil dem Wasser! Heil dem Feuer! / Heil dem seltnen Abenteuer!« Goethe empfiehlt pädagogisch neben dem Allheilmittel des Eros eine Stärkung der Empfindungen als entschleunigende Gegenwelt zur ungeduldigen Ratio. Womit er die westliche logozentrische, ratiohörige Pädagogik gleichsam vom Kopf auf die Füße stellt und als kompensatorische Erkenntnismöglichkeit die Erfahrung der Welt durch die Sinne empfiehlt.

Die Kunst, Fehler zu machen –
eine kleine Gebrauchsanweisung

Goethes Ermunterung, den Sinnen zu trauen, taugt möglicherweise auch als Gebrauchsanweisung für eine Kunst der Fehlerbeherrschung und -begrenzung. Eine Gebrauchsanweisung, die sich als besonders nützlich erweisen könnte angesichts erkennbarer Tendenzen einer grenzenlosen Fehlervermehrung im Zeichen rapide wachsenden nicht mehr erfahrungsgestützten Wissens im Informationszeitalter. Denn solange der Mensch sich auf Erfahrung stützt, weiß er offenbar noch, was ein Fehler ist. Eine Einsicht, der schon Nietzsche bei der Frage nach der *Zukunft unserer Bildungsanstalten* nachgegangen ist. Mit einem überraschenden Befund für jene pädagogischen Reformpolitiker, die sich von der Idee des humanistischen Gymnasiums verabschiedet haben – im Interesse einer dem Erwerb von Zukunftskompetenz verpflichteten Bildung. Eine pädagogische Zielsetzung, die weitgehend auf Herkunft verzichtet und damit auch auf jenen Bildungsbegriff, dessen Gedächtnis- und Erfahrungskosmos vor allem auch dem Tradieren von Fehlererfahrungen dienen sollte.

Man muß bei Nietzsches Überlegungen zur *Zukunft unserer Bildungsanstalten* also diesen fehlervermeidenden alten Bildungsbegriff im Auge behalten, um zu bemerken, daß es sich bei dem nachfolgenden Zitat nicht um den nostalgischen Spleen eines Altphilologen handelt. Denn der in diesem Zitat auftauchende »Fehler« definiert sich eben nicht durch den wehmütigen Blick auf ein verlorengegangenes Bildungsparadies. Es ist vielmehr der illusionslose Blick auf eine nur noch zukunftsorientierte Bildung, die logischerweise kein Fehlerbewußtsein mehr entwickeln kann. Da tradierte Fehlerkenntnisse weder der Gegenwart noch der Zukunft zur Verfügung stehen, kann sich jeder als Original betrachten, der nichts (mehr) weiß. Nietzsche kommt zu dem interessanten Ergebnis: »Das Heilsamste, was die jetzige Institution des Gymnasiums in sich birgt, liegt in dem Ernst, mit dem die lateinische und griechische Sprache durch eine ganze Reihe von Jahren hindurch behandelt wird: Hier lernt man den Respekt vor einer regelrecht fixierten Sprache, vor Grammatik und Lexikon, hier weiß man noch, was ein Fehler ist.«

Wissen wir noch, was ein Fehler ist? Die gegenwärtige Null-Fehler-Kultur tut sich jedenfalls schwer mit der Akzeptanz von Fehlern. Daß es sich hierbei um ein globales Phänomen handelt, zeigte jenes spektakuläre japanische Zugunglück im Frühjahr 2005, das zwei der markantesten Aspekte der Null-Fehler-Kultur transparent werden ließ: das Fehlerverbot einerseits und die totale Unterwerfung des Individuums unter dieses Null-Fehler-Diktat. Es ist offenbar die Verschränkung dieser beiden Aspekte, die zur größten anzunehmenden Fehlerkatastrophe führen kann. In Japan feierte man 2004 anläßlich des 40. Jubiläums von Japans Hochgeschwindigkeitszug die verschwindend geringe Verspätung von durchschnittlich nur sechs Sekunden auf der vielbefahrenen Strecke Tokyo–Osaka. Offenbar war es dieses von einem Lokomotivführer vollkommen verinnerlichte Fehlerverbot im Interesse extremer Pünktlichkeit, das dann im April 2005 einen Pendlerzug in Amagasaki in einer totalen Katastrophe enden ließ. Um eine Verspätung von nur 90 Sekunden wieder auszugleichen, raste der mit 580 Passagieren besetzte Zug mit überhöhter Geschwindigkeit in eine Kurve, in der er entgleiste und in ein achtstöckiges Hochhaus stürzte. Die traurige Bilanz: weit über 100 Tote und mehr als 450 zum Teil Schwerverletzte.

Daß auch einem Chirurgen durchaus ein Fehler unter-
laufen kann, ja, daß Behandlungsfehler zu den ältesten
medizinischen Problemen gehören, ist eines jener Themen,
die in der deutschen Null-Fehler-Kultur erst seit ein paar
Jahren neu verhandelt werden. Der alte lateinische Satz »pri-
mum nil nocere«, zuerst einmal nicht schaden, stand im Jahr
2005 gleich zweimal im Zentrum von Veranstaltungen:
auf dem Jahreskongreß der Deutschen Gesellschaft für
Chirurgie in München und auf dem Deutschen Ärztetag
in Berlin. Ein offenbar überfälliges Thema im Lichte der
zur Routine gewordenen Fehlerverdrängung einer Gesellschaft, in der wenig bekannt ist, daß Fehler im Krankenhaus
(mit zahlreichen Ursachequellen) zu den zehn häufigsten
Todesarten zählen – noch vor Brustkrebs, Aids und Ver-
kehrsunfällen. Ein Befund, der, wie Untersuchungen zeigen,
ergänzt wird durch die in der Öffentlichkeit offenbar vor-
herrschende Angst weniger vor den Fehlern in der Medizin
als vor der Vertuschung dieser Fehler.

Aber Hoffnung ist angesagt, denn erste Anzeichen einer
langsam sich entwickelnden Fehlerkultur sind erkennbar
mit dem Ziel schonungsloser Fehleranalysen im Interesse
der Patientensicherheit. Eine Rückkehr also zum uralten
Prinzip des Lernens aus Fehlern, über die offen gesprochen
werden soll. Das Ende der Null-Fehler-Mentalität wird als
besonders dringlich empfunden, da nach einer Umfrage der
Deutschen Gesellschaft für Chirurgie bislang nur in zwan-
zig Prozent der Kliniken, die junge Chirurgen ausbilden,
Krankheits- und Mortalitätsfälle analytisch diskutiert werden. In angelsächsischen Ländern wäre dagegen das Unter-
lassen derartiger Fehlerkonferenzen ein Grund, einem Chef
die Ermächtigung zur Ausbildung zu entziehen.

Auch das in der Schweiz entwickelte anonyme und sank-
tionsfreie Fehlermeldesystem »Critical Incident Reporting

System« (CIRS) für Irrtümer und Therapiefehler im Krankenhaus hat inzwischen Anhänger gefunden: Die kassenärztliche Bundesvereinigung in Berlin hat dieses System übernommen, um die Qualität der ambulanten Versorgung in der Bundesrepublik zu optimieren.

Sogar das Medium Videogame kennt offenbar fehlergestützte Optimierungsstrategien. Das Spiel *Fahrenheit* zum Beispiel, das sein Erfinder David Cage als »interaktives Drama für Erwachsene« bezeichnet, gilt als besonders attraktiv, weil der Spieler hier keine falschen Entscheidungen fürchten muß. Und er darf sich sogar Fehler selbst verzeihen – ungewöhnlich für Computerspiele, bei denen es sonst nur darum geht, alles richtig zu machen.

In einem anderen Arbeitsbereich kann die Fehlerkultur bereits seit langem bedeutende Erfolge vorweisen. Während medizinsoziologische Umfragen in vier Krankenhäusern zutage förderten, daß nur die Hälfte der Befragten die Überzeugung äußerten, »Fehlerdiskussionen seien möglich und erwünscht«, gelangte man in der Autoindustrie, vor allem beim Autobauer Toyota, zu ganz anderen Ergebnissen. Fehler werden dort gemeldet und intensiv besprochen, um daraus zu lernen. Beim Versuch, die Toyota-Fehlerkultur zu kopieren, hat sich allerdings immer wieder dasselbe Kardinalproblem ergeben: Für die Qualitätsverbesserung reicht es nicht, Fehler zu thematisieren, entscheidend ist, daß die Fehlerkultur sich mit einer Vertrauenskultur verbindet.

Möglicherweise ist dieses Kunststück schon seit langem in der Luftfahrt geglückt. Gesundheitspolitische Forschungsergebnisse der Universität Harvard haben hier zu einem überraschenden Vergleichsergebnis geführt. Während das Risiko in Krankenhäusern für eine schwere oder tödliche Erkrankung bei 1 : 200 liege, könne man beim Besteigen eines Flugzeugs beruhigt von einem Risikofaktor von 1 : 2 000 000 ausgehen.

In den einleitenden Kapiteln dieses Essays wurde bereits erläutert, daß wir gleichwohl bei weiterer Akzeleration des Fortschritts von Wissenschaft und Technik auch mit dem Risiko beschleunigt wachsender unvorhersehbarer Irrtümer und Fehler rechnen müssen. Nicht zufällig war es in der zweiten Hälfte des 20. Jahrhunderts die Physik, die zur Frage der zunehmenden Unverfügbarkeit der Wirklichkeit jene inzwischen populär gewordene Chaos-Theorie entwickelte, die auf überzeugende Weise die zumindest prinzipielle Unvorhersagbarkeit der Wirklichkeit und damit auch der Fehlerentwicklung demonstriert hat. Entscheidend für diese Prognoseunfähigkeit ist die von unserer Kenntnis der Naturgesetze völlig unabhängige Tatsache, daß durch das anfängliche Auftreten sogenannter Nichtlinearitäten in Gleichungen sich die Ungenauigkeiten keineswegs verlieren oder glätten. Sie vervielfältigen sich vielmehr. Es gibt also einen Übergang von einer klaren Ordnung in eine sich ungradlinig entwickelnde Komplexität der Wirklichkeit, die nicht mehr zu herkömmlicher Vorhersehbarkeit führt. Die Chaos-Theorie hat die Regeln zur Beschreibung des Übergangs von einer Ordnung zum Chaos entwickelt, indem die Naturgesetze Szenarien entfalten (vergleichbar etwa mit den biochemischen Vorgängen in den Zellen, die – wie E. P. Fischer erläutert – »zwischen den Genen und zwischen dem Leben stehen«), die sich zwischen die Gesetze und die Wirklichkeit schieben.

Trotz Zunahme unseres Wissens nimmt unser Nichtwissen über die Zukunft zu. Eine Erkenntnis Karl Poppers, die auch für die Zukunft unserer Irrtümer und Fehler gelten dürfte. Wenn Rahel von Varnhagen Anfang des 19. Jahrhunderts noch sagen konnte, »wir machen keine neuen Erfahrungen, aber es sind immer neue Menschen, die alte Erfahrungen machen«, so gilt dies heute und in Zukunft immer weniger. Denn es hat den Anschein, als würde sich immer weniger stetig wiederholen, während der Anteil des Neuen und Unvorhersehbaren wächst und damit auch der Anteil möglicher ganz neuer und unvorhersehbarer Fehler.

Angesichts der Dimensionen unvorhersehbarer Fehler erscheint es nur als ein schwacher Trost, wenn Wissenschaftler der Washington University in St. Louis melden, daß es angeblich gelungen sei, im menschlichen Gehirn eine Art neuronales Frühwarnsystem für bevorstehende Gefahren zu entdecken. Es befinde sich in der Hirnregion am oberen Ende des Frontallappens. Der sogenannte anteriore cinguläre Cortex (ACC) scheint verantwortlich zu sein für das Entstehen von Vorahnungen eines bedrohlichen Fehlers. In der ACC-Region werden angeblich aktuelle Umwelteindrücke mit den gespeicherten Erfahrungen einer Person zusammengeführt, um auf diese Weise das eigene Verhalten einer schwierigen Situation anzupassen. Diese Hirnregion werde dann besonders aktiv, wenn sich bereits Fehler abzuzeichnen beginnen oder schwierige Entscheidungen zu treffen sind zwischen sich widersprechenden Handlungsmöglichkeiten. Geht man also davon aus, daß der Mensch über ein offenbar evolutionär angelegtes neuronales Warnsystem verfügt, so ergibt sich nämlich hieraus zugleich ein fundamentales Dilemma für die Kunst der Fehlervermeidung. Dieses evolutionär angelegte Warnsystem entwickelte sich in einer relativ überschaubaren Umwelt mit einer begrenzten Anzahl von bedrohlichen Situationen. Das aber heißt, daß dieses archaische Warnsystem heute stark überfordert sein dürfte angesichts der ständig wachsenden Vielfalt künstlicher und technikgesteuerter Lebens- und Arbeitsbedingungen. Ein Sachverhalt, der verständlicherweise besonders geeignet ist, verstärkt Phobien und Panikreaktionen auszulösen. Umgekehrt sollte nicht übersehen werden, daß adäquates Risikoverhalten durchaus trainiert werden kann. Das in der Luftfahrt eingeführte »Crew Rescue Training« sei hier als Beispiel erwähnt. Ein Training, bei welchem Flugbegleiter und Piloten unter anderem lernen, wie sie in Notsituationen ihre Angstreflexe beherrschen können.

Aber auch ohne die Fehlerahnungen mit Hilfe der ACC-Region gibt es immer noch Gelegenheit, täglich die Fehlerkunst konkret zu üben. Es ist freilich eine Kunst, die selten praktiziert wird, weil in der Regel die dafür notwendige mentale und psychische Disposition fehlt und schwierig zu erlangen ist. Gibt es doch jene herkömmlichen und alltäglichen Verhaltensmuster, die den Umgang mit eigenen und fremden Fehlern zumindest erschweren oder gar unmöglich machen. In *Menschliches Allzumenschliches* hat Nietzsche jene das Pathologische streifende psychische Disposition angedeutet, die nach seiner Einschätzung nötig wäre, um sich zumindest mit den eigenen Fehlern erfolgreich zu beschäftigen. Gemeint ist der Hypochonder, über den Nietzsche urteilt, er sei »ein Mensch, der gerade genug Geist und Lust am Geist besitzt, um seine ... Fehler gründlich zu nehmen«. Wobei diese Möglichkeit, seine eigenen Fehler »gründlich zu nehmen«, nach Goethes Beobachtung durchaus nicht nur das Privileg der Hypochonder zu sein scheint. Gegenüber Lavater, der sich mit der Deutung der menschlichen Physiognomie beschäftigte, bemerkte Goethe 1782: »Das was der Mensch an sich bemerkt und fühlt, scheint mir der geringste Teil seines Daseins. Es fällt ihm mehr auf, was im fehlt, als das was er besitzt, er bemerkt mehr was ihn ängstigt, als das was ihn ergötzt und seine Seele zu erweitert.«

Von der Formulierung »es fällt ihm mehr auf, was ihm

fehlt«, fällt auch Licht auf jenen verborgensten Fehler, der, wie die Geschichte von Kain und Abel zeigt, schon im Alten Testament als Kardinalfehler des Menschen erscheint: der Neid. Ein Fehler, der sich überwinden ließe durch eine Revolution der Gesinnung, die aus der Einsicht zu gewinnen wäre, daß die Fehler allen gemeinsam, die Vorzüge aber jedem gesondert gehören. Mit der entsprechenden Konsequenz, daß man die Fehler auf sich beruhen lassen und die Vorzüge fördern sollte. Weil der Mensch aber eher dazu neigt, die an sich selbst wahrgenommenen Fehler und Mängel reflexartig mit den am anderen erkennbaren Vorzügen und Vorteilen zu vergleichen, wird in der Regel das Leben von Neid regiert, statt vom Vergnügen über eigene und fremde Vorzüge und Vorteile und deren Förderung. Woraus sich die einfache, aber freilich nicht einfach zu befolgende praktische Gebrauchsanweisung Goethes für den Umgang mit dem Neid ergibt: Sie bestünde in der Kunst, nicht angestrengt zu vergleichen im Sinne von »weniger oder mehr« und »besser oder schlechter«, sondern gelassen festzustellen, daß etwas »anders« sei.

Eine vergleichbare Gebrauchsanweisung ergäbe sich für den Umgang mit Widersprüchen. Denn jede rigorose Haltung des »entweder – oder« läßt den entgegenstehenden Widerspruch als verdammungswürdigen Fehler erscheinen. Jede gelassene Haltung aber des »sowohl als auch« führt zur Toleranz. Sie ermöglicht sogar Ironie. Denn die Vorstellung, daß anthropologisch Gut und Böse in ein und derselben Brust wohnen, legt es als Gebot höherer Klugheit nahe, alles scheinbar Positive in und um uns nicht zu sehr zu verehren, sondern es wie Goethe ironisch zu behandeln, um ihm dadurch den Charakter des Problematischen zu erhalten.

Daß indes gerade der gelassene Umgang mit eigenen und

fremden Fehlern zu den schwierigsten, aber dafür hilfreichsten Tugenden zählt, wird inzwischen durch eine Serie von wissenschaftlichen Studien amerikanischer Mediziner, Psychologen und Soziologen bestätigt. Diese unter anderem vom Friedensnobelpreisträger Desmond Tutu initiierte sogenannte »Kampagne für Vergebensforschung« hat aufgrund von Untersuchungen und gezielten Übungen mit psychisch besonders geeignet erscheinenden Probanden überraschende Ergebnisse erzielt. Ergebnisse, die querstehen zur Behauptung Nietzsches, »Verzeihen ist eine Schwäche«. Auch Nietzsches »Erzieher« Schopenhauer irrte offenbar, als er behauptete: »Vergeben und Vergessen heißt: gemachte kostbare Erfahrungen zum Fenster hinauswerfen.« Denn die Übungen der »Kampagne für Vergebensforschung« zeigen, daß die durchaus nicht einfachen und langwierigen psychischen und mentalen Erkenntnis- und Akzeptanzübungen zur Überwindung des weitverbreiteten Fehlers des Nichtverzeihens verbunden waren mit erstaunlichen Therapieergebnissen unter anderem bei Fällen von Bluthochdruck, Rückenschmerzen, Depression, Übergewicht, Schwindelgefühlen und Schlaflosigkeit. Die Probanden konnten vor allem durch die Einsicht, daß Kränkungen krank machen, die Verzeihensverweigerung überwinden. Das heißt, Kränkungen, Verluste und Verletzungen des Selbstwertgefühls führen in der Regel zu Selbstzweifeln oder lassen den Wunsch nach Rache wach werden. Der Mensch macht sich also selber zum Opfer, indem er eine Haltung akzeptiert, die ihn nachweislich krank macht.

Als ein aktuelles Beispiel bildungspolitischer »Kränkung« erscheint in diesem Zusammenhang die PISA-Studie, deren für Deutschland wenig schmeichelhafte Ergebnisse nach Ansicht des Präsidenten des Deutschen Lehrerverbandes, Josef Kraus, die deutsche Lust am Schlechtreden bestätigt habe. Für externe Betrachter könnte der Eindruck entstehen, daß sich die Deutschen bewegen zwischen manisch-depressivem und manisch-progressivem Irresein, zwischen hyperkinetischer Reformitis und Logorrhöe, zwischen Zwangsneurose und pädagogischer Pyrotechnik. Kraus empfiehlt als Heilmittel gegen die Neigung zur nationalen Selbstkränkung Realismus und Nüchternheit.

Daß auf dem Weg zu diesem Heilmittel inzwischen Fortschritte gemacht werden können, zeigte sich in einem Interview, das der Trainer der deutschen Fußballnationalmannschaft, Jürgen Klinsmann, 2005 gegeben hat. Er legte das mutige Bekenntnis ab, daß er keine Angst mehr habe, bei der Weltmeisterschaft zu versagen: »Man darf Fehler machen.«

Zu größerer Gelassenheit gegenüber Fehlern könnte schließlich auch der Hinweis Talleyrands ermuntern, der auf die Zeitachse und die damit verbundene Relativität von Fehlerbewertungen aufmerksam machte: »Hochverrat ist eine Sache des Zeitpunktes.« Und vielleicht hilft bei der Fehlerbewertung auch eine Vermutung der Hirnforschung, daß die menschliche Aufmerksamkeit offenbar immer dichotomisch verteilt ist, das heißt, alternierend in zwei Richtungen blickt. Sie richtet sich entweder auf Objekte des Begehrens oder der Aggression. Das heißt, wir sind immer »abgelenkt« von einer Sache im Augenblick der Konzentration auf eine andere Sache. Das »Ganze«, das für Hegel als das Indiz der Wahrheit galt, verfehlen wir also immer, wir bekommen es nie in den Blick.

Auf die geteilte und daher fehlerhafte Aufmerksamkeit als mögliche Fehlerquelle vor allem naturwissenschaftlicher Forschung hat schon Goethe aufmerksam gemacht. Hegte er doch früh den Verdacht, daß das theoretische Denken in Gestalt empfindungsloser Begrifflichkeit zu fehlerhaften Ergebnissen in der wissenschaftlichen Praxis führen könnte. Er plädiert daher für eine ungeteilte Aufmerksamkeit mit dem Ziel, Kunst mit wissenschaftlicher Forschung und wissenschaftlichen Fortschritt mit einer auf der Sittlichkeit des Ansehens (Ansehen hierbei im doppelten Sinne verstanden) gründenden Humanität zu verschränken. Eine in der Tat kühne Forderung im Dienste einer Kunst der Fehlervermeidung, die er in der *Farbenlehre* formuliert hat: »Um aber einer solchen Forderung sich zu nähern, so müßte man keine der menschlichen Kräfte bei wissenschaftlicher Tätigkeit ausschließen. Die Abgründe der Ahnung, ein sicheres Anschauen der Gegenwart, mathematische Tiefe, physische Genauigkeit, Höhe der Vernunft, Schärfe des Verstandes, bewegliche sehnsuchtsvolle Phantasie, liebevolle Freude am Sinnlichen, nichts kann entbehrt werden zum lebhaften Ergreifen des Augenblicks.«

Mittlerweile zählt angeblich das *Lexikon der populären Irrtümer der Welt* zu den begehrtesten Nachschlagewerken in öffentlichen Bibliotheken. Als ergänzende Lektüre sei den Lesern aber ein altes, gänzlich in Vergessenheit geratenes »Lexikon« mit erstaunlichem Aktualitätswert empfohlen. Es ist allerdings schwer zu finden, weil es in Wahrheit gar kein Lexikon ist, sondern ein Brief Goethes vom 14. Februar 1814 an den Historiker und österreichischen Staatskanzleirat Franz Bernhard von Buchholz. Er sei hier auszugsweise zitiert:

Dieser Fehler der Deutschen, sich einander im Wege zu stehen, darf man es anders einen Fehler nennen, diese Eigenheit ist um so weniger abzulegen, als sie auf einem Vorzug beruht, den die Nation besitzt und dessen sie sich wohl ohne Übermut rühmen darf, daß nämlich vielleicht in keiner andern so viel vorzügliche Individuen geboren werden und nebeneinander existieren. Weil nun aber jeder bedeutende einzelne Not genug hat, bis er sich selbst ausbildet, und jeder Jüngere die Bildungsart von seiner Zeit nimmt, welche den Mittleren und Älteren mehr oder weniger fremd bleibt: so entspringen, da der Deutsche nichts positives anerkennt und in steter Verwandlung begriffen ist, ohne jedoch zum Schmetterling zu werden, eine solche Reihe von Bildungs-Verschiedenheiten, um nicht -Stufen zu sagen, daß der gründlichste Etymolog nicht dem Ursprung unseres babylonischen Idioms, und der treueste Geschichtsschreiber nicht dem Gange einer sich ewig widersprechenden Bildung nachkommen könnte. Ein Deutscher braucht nicht alt zu werden, und er findet sich von Schülern verlassen, es wachsen ihm keine Geistesgenossen nach; jeder, der sich fühlt, fängt von vorn an, und wer hat nicht das Recht, sich zu fühlen? So durch Alter, Fakultäts- und Provinzial-Sinn, durch ein auf so manche Weise hin und wider schwankendes Interesse, wird jeder in jedem Augenblicke verhindert, seine Vorgänger, seine Nachkommen, ja seinen Nachbar kennen zu lernen. Da nun dieses Mißverständnis in der nächsten Zeit immer zunehmen muß, indem, außer den vom Druck Befreiten immer wieder neu Auflebenden, nun auch noch die große Masse derer, welche durch kriegerische Tatkraft die heilsame Veränderung bewirkten, ein entschiedenes Recht haben, zu meinen, weil sie geleistet haben: so muß der Konflikt immer wilder, und die Deutschen mehr als jemals, wo nicht in Anarchie, doch in sehr kleine Parteien zersplittert werden. Verzeihen Sie mir, daß ich so grau sehe; ich tue es, um nicht schwarz zu sehen: ja manchmal erscheint mir dieses Gemisch farbig und bunt.

Daß das *Lexikon der populären Irrtümer der Welt* heutzutage so oft zur Hand genommen wird, ist möglicherweise der Einsicht geschuldet, daß unsere Fehlschläge lehrreicher sind als unsere Erfolge. Oder zeichnet sich hiermit bereits eine Abkehr vom Perfektionismus unserer Null-Fehler-Kultur ab? Wohl kaum. Es sei denn, es setzte sich die Einsicht durch, die schon im zweiten Jahrhundert vor Christi Geburt der lateinische Dichter Plautus formulierte: »errare humanum est«. Woraus sich im Umkehrschluß ableiten ließe: non errare inhumanum est – nicht zu irren ist inhuman.

Literaturhinweise

Altner, Günter, *Fortschritt wohin? Der Streit um die Alternative*, Neukirchen 1984.

Anders, Günter, *Die Antiquiertheit des Menschen*, Bd. I und II, München 1979, 1980.

Amery, Carl, *Natur als Politik: Die ökonomische Chance des Menschen*, Reinbek 1976.

Beck, Ulrich, *Die Risikogesellschaft*, Frankfurt am Main 1986.

Benedict, Ruth, *The Crysanthemum and the Sword – Patterns of Japanese Culture*, New York 1946.

Bloch, Ernst, *Das Prinzip Hoffnung*, 2 Bände, Berlin-Ost 1954.

Blumenberg, Hans, *Wirklichkeiten, in denen wir leben*, Stuttgart 1981.

Büchner, Georg, *Dantons Tod*, in: Georg Büchner, *Dichtungen*, hg. von Henri Poschmann, Frankfurt am Main 1992.

Burger, Rudolph, *Vergangenheitspolitik – Sind die Deutschen therapiebedürftig?* in: Rudolph Burger (Hg.), *Retheologisierung der Politik? Wertedebatten und Mahnreden*, Springe 2005.

Cioran, E. M., *Der Absturz in die Zeit*, Stuttgart 1972.

Eccles, John Carew, *Die Evolution des Gehirns – Die Erschaffung des Selbst*, München 1993.

Fair, C. M., *Das fehlprogrammierte Gehirn*, München 1969.

Fest, Joachim C., *Aufgehobene Vergangenheit*, Stuttgart 1981.

Fischer, Ernst Peter, *Die andere Bildung*, München 2002.

Fromm, Erich, *Anatomie der menschlichen Destruktivität*, Stuttgart 1974.

Frühwald, Wolfgang, *Das Talent, Deutsch zu schreiben*, Köln 2005.

Frühwald, Wolfgang, *Als die Weisheit zur Bildung wurde*, in: *Glanzlichter der Wissenschaft*, Saarbrücken 2002.

Goethe, Johann Wolfgang von, *Sämtliche Werke*, Frankfurter Ausgabe (FA), Frankfurt am Main 1998.

Grünbein, Durs, *Galilei vermißt Dantes Hölle. Aufsätze*, Frankfurt am Main 1996.

Guggenberger Bernd, *Das Menschenrecht auf Irrtum. Anleitung zur Unvollkommenheit*, München 1987.

Heisenberg, Martin, *Das Gehirn des Menschen aus biologischer Sicht*, in: Detlev Ploog (Hg.), *Der Mensch und sein Gehirn*, München 1997.

Huizinga, J., *Homo ludens*, London 1949.

Humboldt, Alexander von, *Kosmos*, Frankfurt 2004.

Illich, Ivan, *Selbstbegrenzung. Eine politische Kritik der Technik*, Reinbek 1980.

Ishihara, Aeka, *Goethes Buch der Natur*, Würzburg 2005.

Jonas, Hans, *Das Prinzip Verantwortung*, Frankfurt am Main 1979.

Kafka, Franz, *Der Prozeß*, in: Franz Kafka, *Gesammelte Werke*, hg. von Max Brod, Frankfurt am Main 1983.

Kaltenbrunner, Gerd-Klaus (Hg.), *Wir sind Evolution. Die kopernikanische Wende der Biologie*, München 1981.

Koestler, Arthur, *Der Mensch. Irrläufer der Evolution*, München 1978.

Kraus, Josef, *Der PISA-Schwindel. Unsere Kinder sind besser als ihr Ruf*, Wien 2005.

Leakey, Richard, *Die Bedeutung eines vergrößerten Gehirns in der Evolution des Menschen*, in: Detlev Ploog (Hg.), *Der Mensch und sein Gehirn*, München 1997.

Lichtenberg, Georg Christoph, *Aphorismen*, in: Georg Christoph Lichtenberg, *Aphorismen, Schriften, Briefe*, hg. von Wolfgang Promies, München 1974.

Löbsack, Theo, *Versuch und Irrtum. Der Mensch: Fehlschlag der Natur*, Gütersloh 1974.

Lorenz, Konrad, *Die acht Todsünden der zivilisierten Menschheit*, München 1985.

Mandeville, Bernard de, *Die Bienenfabel oder Private Laster, öffentliche Vorteile*, Frankfurt am Main 2002.

Marquard, Odo, *Abschied vom Prinzipiellen*, Stuttgart 1981.

Meier, Christian, *Erinnern – Verdrängen – Vergessen*, in: Rudolph Burger (Hg.), *Retheologisierung der Politik? Wertedebatten und Mahnreden*, Springe 2005.

Meyer-Abich, Klaus Michael, *Wege zum Frieden mit der Natur*, München, Wien 1984.

Nietzsche, Friedrich, *Werke*, 2 Bände, München 1967.

Osten, Manfred, *Alles veloziferisch oder Goethes Entdeckung der Langsamkeit*, Frankfurt am Main 2003.

Osten, Manfred, *Das geraubte Gedächtnis. Digitale Systeme und die Zerstörung der Erinnerungskultur*, Frankfurt am Main 2004.

Ploog, Detlev (Hg.), *Der Mensch und sein Gehirn*, München 1997.

Popper, Karl R., *Die offene Gesellschaft und ihre Feinde*, 2 Bände, Bern 1957/58.

Schiller, Friedrich von, *Werke und Briefe*, Frankfurt am Main 2000.

Singer, Wolf, *Der Beobachter im Gehirn*, Frankfurt am Main 2002.

Singer, Wolf, *Ein neues Menschenbild*, Frankfurt am Main 2003.

Spitzer, Manfred, *Selbstbestimmen*, Heidelberg 2003.

Tocqueville, Alexis de, *Souvenirs*, in: *Œuvres Complètes*. Paris, Gallimard, 1951-2002.

Valéry, Paul, *Über Geschichte*, in: Paul Valéry, *Cahiers/Hefte 1-6*, Frankfurt am Main 1987 ff.

Wagner, Friedrich, *Die Wissenschaft und die gefährdete Welt. Eine Wissenschaftssoziologie der Atomphysik*, 2. erg. Aufl., München 1969.

Weizsäcker, Carl Friedrich von, *Wege in der Gefahr. Eine Studie über Wirtschaft, Gesellschaft und Kriegsverhütung*, München 1976.

Weizsäcker, Carl Friedrich, *Der Garten des Menschlichen. Beiträge zur geschichtlichen Anthropologie*, München 1977.

Weizsäcker, Carl Friedrich von, *Fehlerfreundlichkeit*, in: K. Kornwachs (Hg.), *Offenheit – Zeitlichkeit – Komplexität. Zur Theorie der offenen Systeme*, Frankfurt am Main, New York 1984.

Dank

Für wichtige Anregungen, Mitarbeit und Korrekturhilfe danke ich vielen, besonders aber meiner Frau Ute Osten, Dr. Dagmar Broemme, Dr. Heidi Bohnet und Durs Grünbein.

Der Autor

Manfred Osten, geboren 1938, Studium der Rechtswissenschaften, Philosophie, Musikwissenschaft und Literatur, Promotion 1969, auswärtiger Dienst (1969-1992), Presse- und Informationsamt der Bundesregierung (1993-1994), Generalsekretär der Alexander von Humboldt-Stiftung in Bonn (1995-2004). Mit Alexander Kluge dreißig Fernsehgespräche zu Themen der Philosophie, Musik, Literatur, Geschichte, zu Japan; zahlreiche Veröffentlichungen.

Im Insel Verlag erschienen: *Alexander von Humboldt: Über die Freiheit des Menschen* (Hg.; 1999); *»Alles veloziferisch« oder Goethes Entdeckung der Langsamkeit* (2003); *Das geraubte Gedächtnis. Digitale Systeme und die Zerstörung der Erinnerungskultur* (2004).